青少年爱国主义教育及国家版图知识丛书

和平发展

《祖国在我心中》编委会　编著

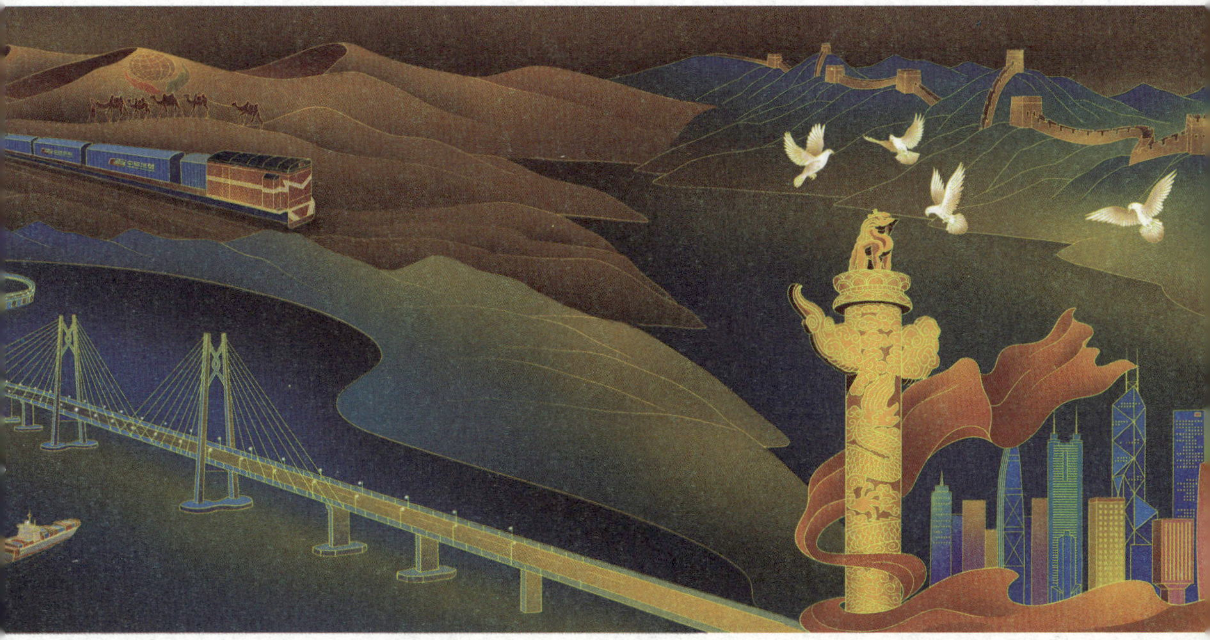

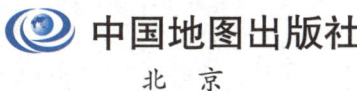

中国地图出版社
北京

图书在版编目（CIP）数据

祖国在我心中．和平发展 /《祖国在我心中》编委会编著．-- 北京：中国地图出版社，2020.12
（青少年爱国主义教育及国家版图知识丛书）
ISBN 978-7-5204-2088-4

Ⅰ．①祖⋯ Ⅱ．①祖⋯ Ⅲ．①爱国主义教育－中国－青少年读物②发展战略－中国－青少年读物 Ⅳ．① D647-49 ② D60-49

中国版本图书馆 CIP 数据核字 (2020) 第 245237 号

ZUGUO ZAI WO XINZHONG HEPING FAZHAN
祖国在我心中·和平发展

出版发行	中国地图出版社	邮政编码	100054
社　　址	北京市西城区白纸坊西街3号	网　　址	www.sinomaps.com
电　　话	010-83493075　83543902	经　　销	新华书店
印　　刷	保定市铭泰达印刷有限公司	印　　张	8.5
成品规格	170 mm × 240 mm		
版　　次	2020年12月第1版	印　　次	2024年2月河北第2次印刷
定　　价	25.00 元		
书　　号	ISBN 978-7-5204-2088-4		
审 图 号	GS (2020) 6792 号		

本书中国国界线系按照中国地图出版社1989年出版的1：400万《中华人民共和国地形图》绘制
如有印装质量问题，请与我社联系调换
本书中有个别图片，我们经多方努力仍未能与作者取得联系。烦请作者及时联系我们，以便支付相关费用

《祖国在我心中》编委会

主　　编	陈　平　徐根才　唐建军　常宗耀
执行主编	周　涛　王　玮
编　　委	（按姓氏笔画排序）
	王　静　冯文攀　朱兰婷　安昱瑄　李　铮　吴　磊
	何　慧　沈万君　苗　菲　段淑强　袁宏霞
项目统筹	周　涛　朱兰婷

《和平发展》编辑部

本册编写	赵正林　郭恒源
责任编辑	何　慧
编　　辑	段淑强　梅　换　李　静
出版审订	沈万君
插画绘制	李　运　罗小芳
装帧设计	风尚境界
图片提供	摄图网　新华社　微图网　FOTOE　汇图网

前　言

中华民族在几千年绵延发展的历史长河中，创造了博大精深的中华文明，书写了波澜壮阔的中华民族发展史，建立了统一的多民族国家，形成了守望相助的中华民族大家庭，培育、继承并发扬了历久弥新的伟大民族精神。在中华民族核心的精神品质中，爱国主义始终是激昂的主旋律，始终是激励我国各族人民自强不息的强大力量，激励着一代又一代中华儿女为国家富强而不懈奋斗。

习近平总书记指出，弘扬爱国主义精神，必须把爱国主义教育作为永恒主题。要把爱国主义教育贯穿国民教育和精神文明建设全过程。要深化爱国主义教育研究和爱国主义精神阐释，不断丰富教育内容、创新教育载体、增强教育效果。

为贯彻习近平总书记的重要指示精神，推动《新时代爱国主义教育实施纲要》的落实，我们编写了这套青少年爱国主义教育及国家版图知识丛书——《祖国在我心中》。丛书秉持"以理服人、以文化人、以情感人"的理念，分10册，多角度、多侧面、立体式地介绍国情，内容涵盖地理、历史、经济、政治、文化、国防、科技、艺术、社会生活、民族团结和国际交往等方面，将政治与社会、地理与人文、历史与民俗、过去与未来、建设与成就、中国与世界相互交织，知识丰富，生动有趣，可读性强，力求呈现一个鲜活、奋进、自信的中国形象，有助于青少年读者全

方位了解伟大的祖国，培养和激发爱国热情，提升民族自豪感和文化自信心。

丛书图文并茂，融入了鲜明的版图特色和地图特色。书中配置了大量地图，每一册的最后还专门设置了"爱我版图"专栏，将知识与地图融为一体，普及了地图知识，宣传了中国国家版图意识。丛书通过对青少年读者进行正规而系统的国家版图意识教育，帮助他们对国家版图的概念及其相关知识形成正确的认识，学会规范使用地图，从而自觉维护国家主权和领土完整。

我们生于斯长于斯的伟大祖国，如万里画卷，似千年诗章，有着览不尽的辉煌壮丽，有着品不完的厚重深沉……翻开这套丛书，总有一种情感温润你的眼睛，必有一种信念打动你的心灵。青少年朋友们，让我们牢记习近平总书记的谆谆教导，时刻把祖国和人民放在心中，把爱我中华的种子埋入心灵深处，培养爱国之情，砥砺强国之志，实践报国之行，让爱国主义精神代代相传，发扬光大，为实现中华民族伟大复兴的中国梦而奋勇前进！

《祖国在我心中》编委会

图 例

★ 北京　　首都　　　　　　　　　------　　特别行政区界

⊙ 吉布提　外国首都　　　　　　　〜〜〜　　河流

⊙ 哈尔滨　省级行政中心　　　　　┤┤┤┤┤　运河

○ 青岛　　其他城镇　　　　　　　◯　　　　湖泊

⊢·⊢·⊢　洲界　　　　　　　　　〜〜〜　　海岸线

—— 未定　国界　　　　　　　　　· · · · ·　　时令河　时令湖

-----　　地区界　　　　　　　　　⌢⌢⌢　　珊瑚礁

+++++　军事分界线、停火线　　　░░░　　沙漠

············　省级界

目　录

第一章　中国特色大国外交

打开国门广交朋友　　　　　　　　2
推动建设新型国际关系　　　　　　10

第二章　世界舞台上的中国

举世瞩目的中国经济　　　　　　　16
筑建和平的国防基石　　　　　　　29
持续创新的科教卫事业　　　　　　40
百花齐放的文体事业　　　　　　　51

第三章　共商共建共享

向世界伸出合作之手　　58
区域发展携手前行　　66
促进"一带一路"国际合作　　77

第四章　建设更加美好的世界

和平与发展的时代主题　　88
世界和平的坚定维护者　　90
世界发展问题关系你我　　98
构建人类命运共同体　　111

专栏　爱我版图

中国的神圣领土　　120

第一章
中国特色大国外交

中华人民共和国的成立,结束了一百多年来的屈辱外交,开创了中国外交的新纪元。时光荏苒,风云变幻,中国外交度过了七十多个春秋,取得了辉煌的成就。七十多年来,中国坚持独立自主的和平外交方针,坚定不移走和平发展道路,成为维护世界和平、促进世界共同发展的重要力量。

打开国门广交朋友

外交常常被比喻为没有硝烟的战争，国与国之间的博弈无处不在，外交官的唇枪舌剑和据理力争无时不在。我们通过选取一件件具有代表性的外交大事，揭开新中国外交的神秘面纱，披露历史事件的原委细节，解读外交智慧碰撞出的绚丽火花，感受新中国外交如何逐步走向成熟。

第一次建交高潮

中华人民共和国成立初期，以美国为首的一些西方国家采取政治孤立、经济封锁、军事包围等手段，企图把新生的人民政权扼杀在摇篮里。面对复杂的国际形势，新中国奉行独立自主的和平外交政策，愿意与遵守平等互利及相互尊重领土主权等项原则的任何外国政府建立外交关系。新中国成立后短短一年时间里，就与苏联、印度等17个国家正式建立了外交关系。

1949年10月，苏联第一个宣布承认中华人民共和国，并与我国正式建立外交关系。同年12月，毛泽东率团访问莫斯科。经过近两个月的努力和艰苦的谈判，中苏双方于1950年签订了《中苏友好同盟互助条约》，这一条约使中苏两大国的友谊用法律形式固定下来，也使得刚刚成立的新中国有了一个可靠的同盟国。这对促进中国经济的恢复和发展，打破帝国主义国家孤立封锁中国的政策具有重要意义。

⊕《中苏友好同盟互助条约》签订纪念邮票

缔结《中苏友好同盟互助条约》，是中华人民共和国成立后采取的重大外交行动，对当时的国际格局产生了巨大影响。

新中国外交走向成熟

1953年底，中国政府代表团和印度政府代表团就中印存在的问题在北京开始谈判。周恩来总理在中南海西花厅会见印方代表团时，在谈话中首次系统地提出了和平共处的五项原则，即遵循"互相尊重领土主权、互不侵犯、互不干涉内政、平等互惠、和平共处"的原则。周恩来指出，两个大国之间，特别是像中印这样两个接壤的大国之间，一定会有某些问题。只要根据这些原则，任何业已成熟的悬而未决的问题都可以拿出来谈。

1954年6月，中国分别同印度和缅甸签署了《中印两国总理联合声明》和《中缅两国总理联合声明》。这两个联合声明都专门写有和平共处五项原则，都表示同意以和平共处五项原则作为发展中印、中缅相互关系的指导原则，并都倡议将和平共处五项原则作为处理国际关系的准则。

和平共处五项原则提出后，获得世界上越来越多国家的赞同，成为解决国与国之间关系的一个基本原则。和平共处五项原则的提出是中华人民共和国外交事业发展的一个阶段性里程碑，它是从革命运动外交向国家外交过渡的一次关键性转变，标志着新中国外交的成熟。

初登国际舞台

⊕ 日内瓦会议开幕时会场一角

诞生不久的新中国，面临着复杂的国际局势。1954年2月28日，苏、美、英、法四国外长在柏林会议上达成协议，定于同年4月举行日内瓦会议，讨论解决朝鲜问题和恢复印度支那（今越南、老挝、柬埔寨）和平问题。日内瓦会议分为两个阶段：第一阶段讨论朝鲜问题；第二阶段举行关于印度支那问题的限制性会议。

1954年的4月20日，中国政府任命周恩来总理兼外长为中国出席日内瓦会议代表团团长，率团参加日内瓦会议。

朝鲜问题成为这次会议的焦点，与会国讨论51天，不能达成协议。在最后一次会议之前，美国国务院已经指示美国代表团要使会议破裂。所以，美国代表纠集"联合国军"的国家抛出所谓"十六国宣言"，妄图在没有任何协议的情况下结束会议。在这关键时刻，周恩来当机立断，作了即席发言。他指出，中国代表团带着协商和和解的精神第一次参加这样的会议，如果我们今天提出的最后一个建议都被拒绝，我们将不能不表示最大的遗憾。全世界爱好和平的人民将对这一事实做出判断!在周恩来发言过程中,全场一片寂静。西方国家乱了阵脚,美国代表声称,在请示政府之前不准备发表意见,不参加表决。周恩来最后指出,美国代表立刻表示反对并进行阻挡,这就使我们大家都了解到美国代表如何阻挠日内瓦会议并且阻止达成即使是最低限度的、最具有和解性的建议。由于美国阻挠,朝鲜问题未能达成协议。

这次会议是中华人民共和国首次以世界五大国之一的地位和身份参加讨论国际问题的一次重要会议。会议期间,周恩来展示了卓越的外交才能和政治家风度,同时更以和平共处的外交原则为新中国赢得了极高的声誉。

中国通过参加日内瓦会议并最终促成印度支那停战,使中国周边的形势进一步缓和,巩固了中国南部边陲的安全。日内瓦会议成功的实践促使中国政府决定大幅度调整外交政策。

"求同存异"

第二次世界大战结束后,世界广大的新兴亚非民族国家百废待兴。促进世界和平、争取民族独立和发展民族经济等成为各国共同关心的问题。

1955年1月15日,印度尼西亚、缅甸、锡兰(今斯里兰卡)、印度、巴基斯坦五国总理致电中国政府,邀请中国出席当年在印度尼西亚万隆召开的亚非会议。2月10日,周恩来总理代表中国政府复电,同意参会。1955年4月,亚非29个国家代表团参加了万隆会议。会议过程中,既出现过帝国主义国家暗中的阴谋破坏活动,也有过与会国之间因社会制度和意识形态不同产生的一些矛盾和分歧。在这种情况下,周恩来当机立断,在会议上作补充发言,他明确表示,中国代表团"是来求团结而不是来吵架的","是来求同而不是来立异的"。他的发言中阐述了中国求同存异的原则,说明中国同广大亚非国家有着共同的经历、共同的愿望,面临共同的问题和挑战;只要从解除殖民统治的痛苦和灾难中找到共同的基础,所有亚非国家就能找到合作的共同基础。

"求同存异"方针受到与会各国代表的普遍赞扬，为会议的圆满成功起到了重要作用。会议最终通过了促进世界和平与合作的决议和共同宣言。万隆会议增进了中国与亚非各国的了解和友谊。会后，我国与更多的亚非国家建立了外交关系。

⊕ 周恩来总理在万隆会议发表讲话

中国代表团团长周恩来在万隆会议上提出和创造性地实践了"求同存异"的原则和精神，为会议的成功召开做出了努力，打开了中国与发展中国家关系的新篇章。

亚非会议对当时的世界政治产生了重要的影响，因为它是历史上第一次由获得独立的亚非国家召开的、没有西方殖民国家参加的大型国际会议。会议讨论了民族独立和主权、反对殖民主义、维护世界和平以及与会国之间的经济文化合作等广泛的问题。会议最后一致通过了《亚非会议最后公报》，宣布与会各国将共同致力于促进世界和平、支持民族解放和独立、促进和平共处和经济文化合作，等等。亚非会议的召开和取得的成果表明，二战后新兴的亚非民族国家已经成为世界政治舞台上一支独立的重要力量。它们的利益、愿望和诉求不容忽视。

中国恢复在联合国的合法席位

中国是联合国的创始会员国之一，也是联合国安理会常任理事国。但是从1949年以后的20多年里，占当时全球人口四分之一的中华人民共和国却一直被排斥在联合国大门之外。

从1950年开始,苏联等国就在联合国历届大会上提出"中国代表权问题",美国则采用"缓议"策略,主张"暂不审议"中国代表权问题,阻挠联合国恢复中国的合法席位。60年代,随着亚洲与非洲新兴国家要求恢复中华人民共和国在联合国合法席位的呼声越来越高,美国又提出所谓的"重要问题"议案,即将中国在联合国的席位问题定义为"重要问题"。根据联合国的议事规则,一项议题一旦被界定为"重要问题",就需要三分之二以上的会员国赞成,才能获得通过。美国企图以此阻止中国恢复在联合国的合法席位。

1971年10月,第26届联合国大会以76票赞成、35票反对、17票弃权的压倒性多数通过决议,恢复中华人民共和国在联合国的一切合法权利,并立即把国民党集团的代表从联合国及其所属一切机构中驱逐出去。这是中国外交的重大胜利。

⊕ 1971年,第26届联合国大会上的中国代表

左一为时任外交部副部长乔冠华,右一为中国常驻联合国代表黄华。

自中国重返联合国以来,积极参与联合国的各项事务,并与越来越多的国家展开了各个领域的合作,中国在国际事务中发挥出越来越重要的作用。

跨过大洋的握手——中美关系正常化

20世纪70年代,由于美苏力量对比出现变化,美国在美苏争霸过程中处于守势;而中苏关系进一步恶化,苏联在中苏边境陈兵百万,多次挑衅,甚至引发武装冲突。面对这一局势,美国调整其对外政策,谋求改善中美关系以求联合遏制苏联。同时,为解决台湾问题,实现祖国统一大业，中国也倾向于改善中美关系。

1971年7月和10月，美国政府安排其国家安全事务助理基辛格先后两次秘密访华，为尼克松总统访华做铺垫。1972年，美国总统尼克松访问中国。毛泽东会见了尼克松，2月22日，周恩来与尼克松就两国关系和一些重大的国际问题，进行了广泛、认真和坦率的会谈。

1972年2月28日，中美双方签署并发表《联合公报》(又称《上海公报》)。中美《联合公报》系统地阐述了中美双方对当时世界政治的共同认识、中美合作的战略基础，以及未来双方在各个领域的合作。《联合公报》同时也保留了双方的分歧，包括在台湾问题上的重要分歧。《联合公报》的重要意义在于申明了中美双方在承认共同战略利益的基础上，基于求同存异的原则，为中美关系当下和解和未来的发展，奠定了基础和规定了方向。《联合公报》是中美两国签署的第一个指导双边关系的文件。它的发表，标志着中美隔绝状态的结束和关系正常化进程的开始。

尼克松访华是中美关系史上重要的一页，它标志着中美两国在经过20多年的对抗与隔绝后，实现了历史性的和解，为以后中美关系的进一步改善和发展打下了基础。

1978年12月16日，中美两国政府同时发表了中美建交公报。1979年，中美两国正式建立外交关系，这是两国关系中具有历史意义的重大转折，中美关系从此进入了一个新阶段。

中日建交

1972年，田中角荣出任日本首相。他明确表示，中日邦交正常化的时机"正在成熟"。1972年9月25日，一架来自日本的专机在北京首都机场徐徐降落，舱门打开，日本首相田中角荣走下飞机，周恩来走近舷梯迎接，中日两国领导人的手紧紧地握在了一起，这是战后日本首相首次访问中国。

1972年9月25日至28日举行的中日政府首脑谈判，对实现中日邦交正常化起了关键性作用。正式谈判共进行了四轮。双方在谈判中本着求同存异的原则,既坚持立场,又在一些具体问题上不失灵活性,最终在一系列问题上达成一致意见,直接推动了《中日联合声明》的签订和发表。

1972年9月,中日双方签署建立外交关系的联合声明,宣布结束两国之间存在的不正常状态,建立外交关系,尽快互换大使,中日关系揭开了新的篇章。

"乒乓外交"

1971年3—4月在日本名古屋举行了第31届世界乒乓球锦标赛,3月21日,中国乒乓球队踏上了赴日参赛的征程。4月4日这天,中美两国乒乓球选手有了一次意外的相遇:当时,由于在训练馆里练习了很长时间,眼看着快要比赛了,美国的乒乓球队员科恩慌忙地冲出球馆,顺势就登上了停在场馆门口的一辆大巴车。

⊕庄则栋与科恩合影

等上车后,科恩才发现这是中国乒乓球队的队车,就在这时,坐在车上的中国球员庄则栋主动上前和科恩握手寒暄,并送给他一块印有中国黄山图案的杭州织锦留作纪念。

就在科恩下车时,他手持织锦的情景被在场记者抓拍,立即成为当时的爆炸性新闻和举世瞩目的重大事件。值得一提的是,到了第二天,科恩也准备了一件印有和平标记和"Let It Be"字样的运动衫,特意送给庄则栋并与他拥抱示好。

这次偶然的相遇促成了流传至今的一段外交佳话——"乒乓外交",成了推动中美关系正常化进程的一个契机。1971年4月7日,中国乒乓球代表团向美国乒乓球协会表达了邀请美国乒乓球队访华的意思,当天美国方面同意美国乒乓球队应邀。1971年4月10日美国乒乓球队正式访华。1972年2月,尼克松访华,这标志着中美关系开始走向正常化发展的道路。

推动建设新型国际关系

改革开放以来，我国国际地位和影响力不断提高。中国恢复在联合国的合法席位后，积极参加联合国及其专门机构和其他国际组织的活动，开展以联合国为中心的多边外交。同时又积极参与地区性国际组织的外交活动，发展与周边国家的睦邻友好关系。中国秉持相互尊重、公平正义、合作共赢原则，推动建设新型国际关系，走出一条对话而不对抗、结伴而不结盟的国与国交往新路。

开展以联合国为中心的多边外交

联合国是第二次世界大战后成立的，由主权国家组成的国际组织。1945年10月24日，在美国旧金山签订的《联合国宪章》生效，标志着联合国正式成立。联合国总部设立在美国纽约，现共有193个会员国。联合国成立以来，其在维护世界和平、推动共同发展、促进人类文明进步等方

⊕ **联合国总部大厦**

位于美国纽约市曼哈顿区的联合国总部大厦。秘书处大楼为大厦的主体建筑，高39层，立面为大片玻璃维护墙，俗称为"玻璃宫"。

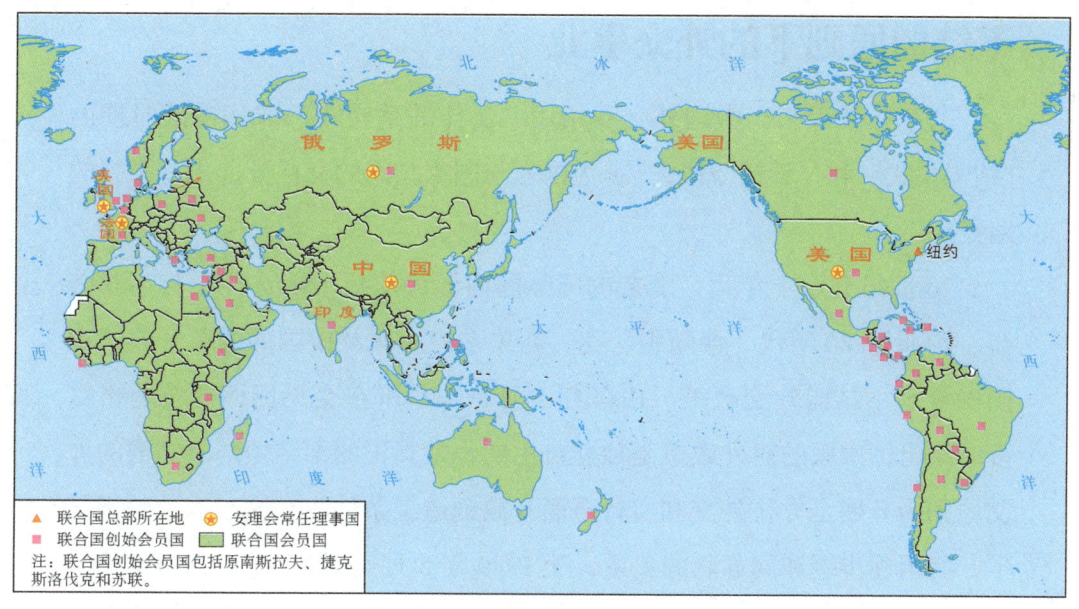

⊕ 联合国的建立和发展

联合国有六个主要机构：联合国大会、安全理事会、经济及社会理事会、托管理事会、国际法院和秘书处，均设立于1945年联合国成立之初。联合国大会是联合国的主要审议、决策和代表性机关，由联合国全部会员国组成，是唯一具有普遍代表性的机构。

面发挥了重要作用，取得了巨大成就。

自1971年恢复在联合国的合法席位后，中国在联合国的地位和作用不断提升。中国长期、高度和坚定支持以联合国为核心的多边主义和国际秩序。中国是安理会五个常任理事国之一，是联合国成员国中最大的发展中国家，目前是世界第二大经济体，这是中国在联合国发挥引领性作用的基础性力量和条件。

从1980年起，中国全面参与了联合国六个主要机构和各主要委员会的工作；参加了日内瓦裁军谈判会议及其下属各特委会和工作组的活动；恢复了在国际货币金融领域最主要的机构——国际货币基金组织和世界银行的席位；逐步加入世界卫生组织、联合国粮食及农业组织、联合国教育、科学及文化组织等许多其他的联合国专门机构。

不结盟原则下的外交事业

改革开放以来,中国外交开始用"伙伴关系模式"取代冷战时期的"结盟模式"和"不结盟模式",为国家与国家之间的交往开辟出一条新的路径。

20 世纪五六十年代,复杂的国际国内形势使新中国选择了与苏联结盟。20 世纪 80 年代,伴随中、美、苏关系的变化及中国的改革开放,中国确立了不结盟外交政策。1984 年 5 月,邓小平在会见巴西总统菲格雷多时指出,中国的对外政策是独立自主的,是真正的不结盟。不结盟的外交原则为开展全方位外交和实行全面开放创造了条件。在这一方针的指导下,我国逐步缓和同苏联的关系,于 1989 年 5 月实现了中苏关系正常化。

从 20 世纪 90 年代初开始,中国明确提出要与世界其他大国建立不同层面的伙伴关系。1996 年,中俄建立战略协作伙伴关系。2001 年,中俄签署《中俄睦邻友好合作条约》,将"世代友好"的和平思想用法律形式固定下来。1996 年 11 月,中美双方就合作伙伴关系达成共识,一年后发表了中美联合声明,决定共同致力于建立中美建设性战略伙伴关系。此后,"伙伴外交"逐渐成为中国外交的一大特色,对中国更好地维护和实现自身的国家利益,积极应对复杂的国际环境起到了积极作用。1998 年,中国与欧盟建立建设性伙伴关系,与日本建立友好合作伙伴关系。

在 2014 年 11 月召开的中央外事工作会议上,习近平总书记指出,要在坚持不结盟原则的前提下广交朋友,形成遍布全球的伙伴关系网络。中国已同 100 多个国家和国际组织建立了不同形式的伙伴关系,这也推动了中国更加全面和深入地融入国际社会,广泛地参与世界事务。

中国特色外交全面推进

自 1985 年邓小平提出"和平与发展是当今时代的两大主题",中国外交进入一个新的阶段，中国日益重视对国际组织和国际合作机制的参与、完善与创设，以更加积极的姿态参与国际事务，为中国经济社会快速稳定发展创造了良好的外部环境。

中国对第二次世界大战后国际社会产生的重要经济合作机制和国际金融机构予以高度重视并要求参与其中。我国加入了多数世界性和地区性的经济组织，加入了400多项国际多边条约。

为加强国际经济合作，我国于1986年7月正式向关税贸易总协定提出恢复缔约国地位的申请。此后，中国为复关和加入世界贸易组织（WTO）进行了长达15年的努力，2001年12月11日，《中华人民共和国加入世贸组织议定书》生效，中国正式成为世界贸易组织第143个成员国。这是中国深度参与经济全球化的里程碑，标志着中国改革开放进入历史新阶段。加入世界贸易组织以来，中国积极践行自由贸易理念，全面履行入世承诺，大幅度开放市场，实现互利共赢，在对外开放中展现了大国担当。

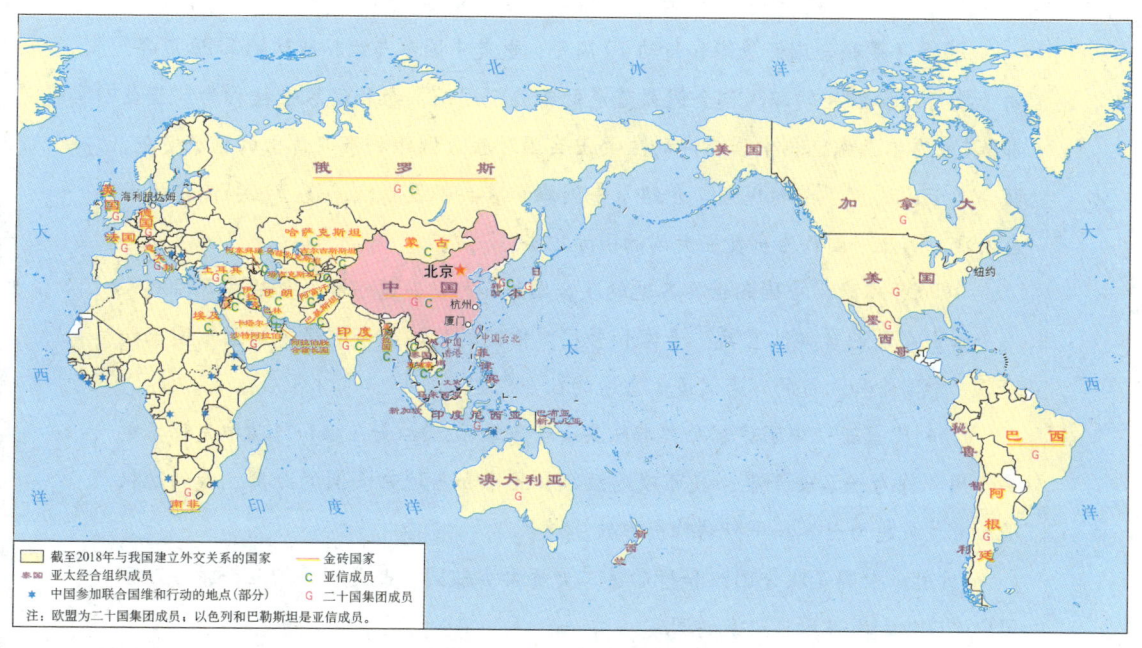

⊕ 改革开放后中国的全方位外交

进入21世纪以来,中国同世界的关系发生了历史性变化,中国的前途命运日益紧密地同世界的前途命运联系在一起。中国奉行互利共赢的开放战略,以自己的发展促进地区和世界共同发展,扩大同各方利益的汇合点,积极参与国际事务,全面融入国际社会。2011年和2017年分别在三亚和厦门主办金砖国家峰会,2001年和2014年分别在上海和北京主办亚太经济合作组织(APEC)领导人非正式会议,2014—2016年担任亚信会议主席国,2016年在杭州主办二十国集团(G20)领导人峰会,2018年在青岛举办上海合作组织成员国元首理事会第十八次会议……中国在相关会议上提出关于全球治理的理念和主张,并拿出"中国方案",显示了中国在国际合作上的引领性作用。

联合国致谢"中国蓝盔"

2018年是联合国开展维和行动70周年,也是中国参与维和行动的第28周年。由于执行维和任务的部队都会佩戴蓝色的钢盔,因而,维和部队也被称为"蓝盔部队"。为了感谢包括中国在内的主要出兵国对联合国维和事业作出的巨大贡献,联合国专门制作了专题视频,介绍了中国维和官兵不畏艰险,履行维和使命的出色表现,彰显中国作为负责任大国的国际担当。

1990年以来,中国向世界各地的联合国维和行动派遣维和人员超过37 000人次。派出人员包含部队官兵、专家和警察。他们的足迹遍布刚果、马里等国家和地区。中国维和人员的到来促进了当地的社会稳定。

在利比里亚,中国建制警察部队某女干事表示:"妇女在维和行动中发挥了重要作用。作为一名女干事,我可以缩短维和警察和当地妇女间的距离。我的动机很简单,我想为世界和平行动作出贡献。"

目前,中国是联合国维和行动第二大资金贡献国,也是联合国五个常任理事国中派遣维和军事人员最多的国家。

第二章
世界舞台上的中国

改革开放以来,我国社会生产力、综合国力、人民生活水平实现了历史性跨越,经济实力、科技实力、国防实力进入世界前列。随着我国的国际影响力日益提高,在国际舞台上发挥着越来越重要的作用,一个面向现代化、面向世界、面向未来的社会主义中国巍然屹立在世界东方!

举世瞩目的中国经济

改革开放以来，我国经济社会发展取得了巨大成就，举世瞩目。作为一个拥有14亿多人口的大国，人均资源和资本积累都不是很丰富，却实现了近40年的经济高速增长，这是世界经济史上的壮丽一页。中国改革开放40多年来的经验深刻表明，持续扩大对外开放，积极融入经济全球化，是实现自身经济增长的关键。

经济总量大幅攀升，综合国力显著提高

改革开放以来，我国坚持以经济建设为中心，扩大开放，经济建设和社会发展取得了举世瞩目的成就，主要经济社会指标占世界的比重持续提高。

1979—2019年，我国经济平均增长率超过9%，明显高于世界同期平均水平，也高于世界各主要经济体同期平均水平。1979—2019年，中国对世界经济增长的年均贡献率超过18%，仅次于美国，居世界第二位。特别是自2006年以来，中国对世界经济增长的贡献率稳居世界第一位，成为世界经济增长的第一引擎。

2012—2019年，我国货物进出口总

⊕ 2017年11月出版的某期《时代》周刊封面

1979年1月，美国《时代》周刊，用整整48页的系列文章介绍了年度人物——邓小平和打开大门的中国，其封面标题是"一个崭新中国的憧憬"。38年后，《时代》周刊在2017年11月出版的杂志封面上，用中文和英文两种语言写出"中国赢了"。在这一期杂志中，作者布雷默指出，在可预见的未来，中国经济可能仍将保持强劲和稳定增长，中国的国际影响力将持续增长。

额持续增长，占世界比重不断提高。我国进口总额仅次于美国，稳居世界第二位。在世界经济增速下行压力较大的背景下，我国进口需求增长对世界经济的复苏作出了突出贡献。中国自 2018 年起开始举办中国国际进口博览会，这是世界上第一个以进口为主题的大型国家级展会。联合国相关机构数据显示，1979—2019 年，我国吸引外商直接投资快速增长，2019 年，我国吸引外商直接投资达 1 381.4 亿美元，稳居发展中国家首位、全球第二位。

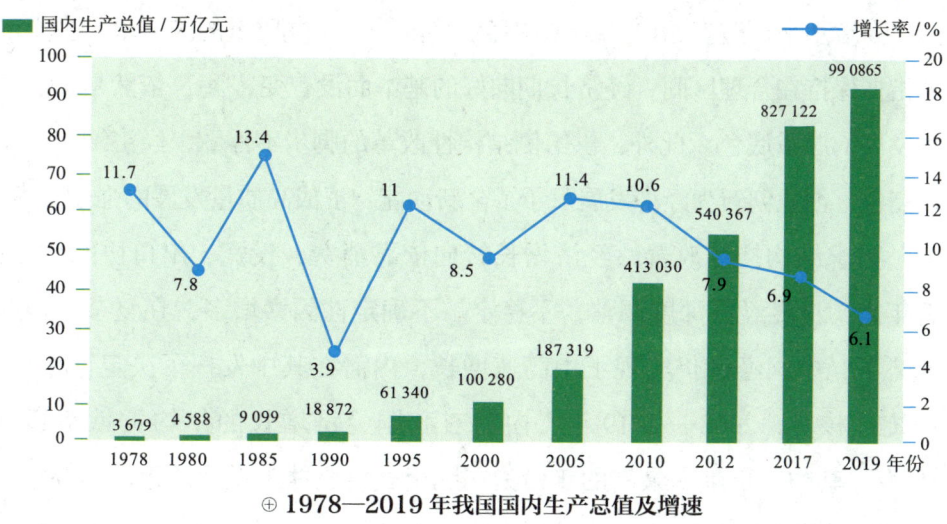

⊕ 1978—2019 年我国国内生产总值及增速

2019 年，我国国内生产总值为 99.087 万亿元，比上年增长 6.1%，稳居世界第二；人均国内生产总值 70 892 元，比上年增长 5.7%，首次突破 1 万美元大关，达到 10 276 美元，大致相当于世界平均水平的 90%。2019 年中国 GDP 占世界的比重超过 16%，中国经济增长对世界经济增长的贡献率达到 30%，超过美国和日本贡献率的总和。中国仍然是世界经济发展动力最足的"火车头"。这不仅意味着我国经济总量不断扩大，而且表明我国经济发展的质量在稳步提升，人民生活在持续改善。

在国际形势复杂多变、国际竞争压力不断加大的情况下，我国经济社会发展经受住了各种重大挑战，社会生产力快速发展，综合国力大幅提升，国际地位和影响力明显提高。

经济结构持续调整，发展的协调性、持续性明显提高

改革开放以来，我国经济结构逐步优化升级，经济发展的全面性、协调性和可持续性不断增强。

产业结构不断优化，经济增长由主要依靠第二产业带动，转向依靠第二、第三产业共同带动。农业基础地位更加稳固，实现了由单一以种植业为主的传统农业向农、林、牧、渔业全面发展的现代农业转变。工业结构不断向中高端水平迈进。2019年，中国经济呈上了一份高质量的成绩单：主要宏观指标保持在合理区间，经济长期向好的基本面没有变，"稳"依然是中国经济发展的厚重底色。此外，供给侧结构性改革的脚步不停歇，经济结构优化显亮色，创业创新为经济发展赋予了全新动能，汇成高质量发展的强劲动力。

需求结构持续改善，经济增长转向依靠消费、投资、出口协同拉动。近年来，世界经济深度调整，不稳定、不确定性因素增多，在复杂严峻的形势下，中国经济仍实现了中高速增长，内需在其中发挥了决定性作用。据统计核算，2008—2019年，内需对我国经济增长的年均贡献率超过100%。其中，贡献率最高的年份为国际金融危机冲击最为严重的2009年，内需对经济增长的贡献率达到142.6%。2019年，内需对GDP增长贡献率为89%，成为经济稳定运行的"压舱石"。

区域结构优化重塑，地区协调发展新格局正在形成。东部地区率先发展，示范引领作用日益凸显。改革开放初期，作为改革开放的先行地区和前沿地带，东部地区发挥区位优势，抢抓改革开放机遇，率先发展起来，对推动全国经济快速发展发挥了重要作用。中西部地区发挥后发优势，对全国经济发展形成新支撑。20世纪90年代以来，为逐步解决地区发展差距拉大的问题，国家相继推出了西部大开发、振兴东北地区老工业基地、促进中部地区崛起等重大战略决策。随着各项支持性政策的逐步落实，中西部地区基础设施条件明显改善，基本公共服务水平不断提高，发展后劲不断增强。京津冀协同发展、长江经济带发展、粤港澳大湾区建设、长江

第二章 世界舞台上的中国 | 19

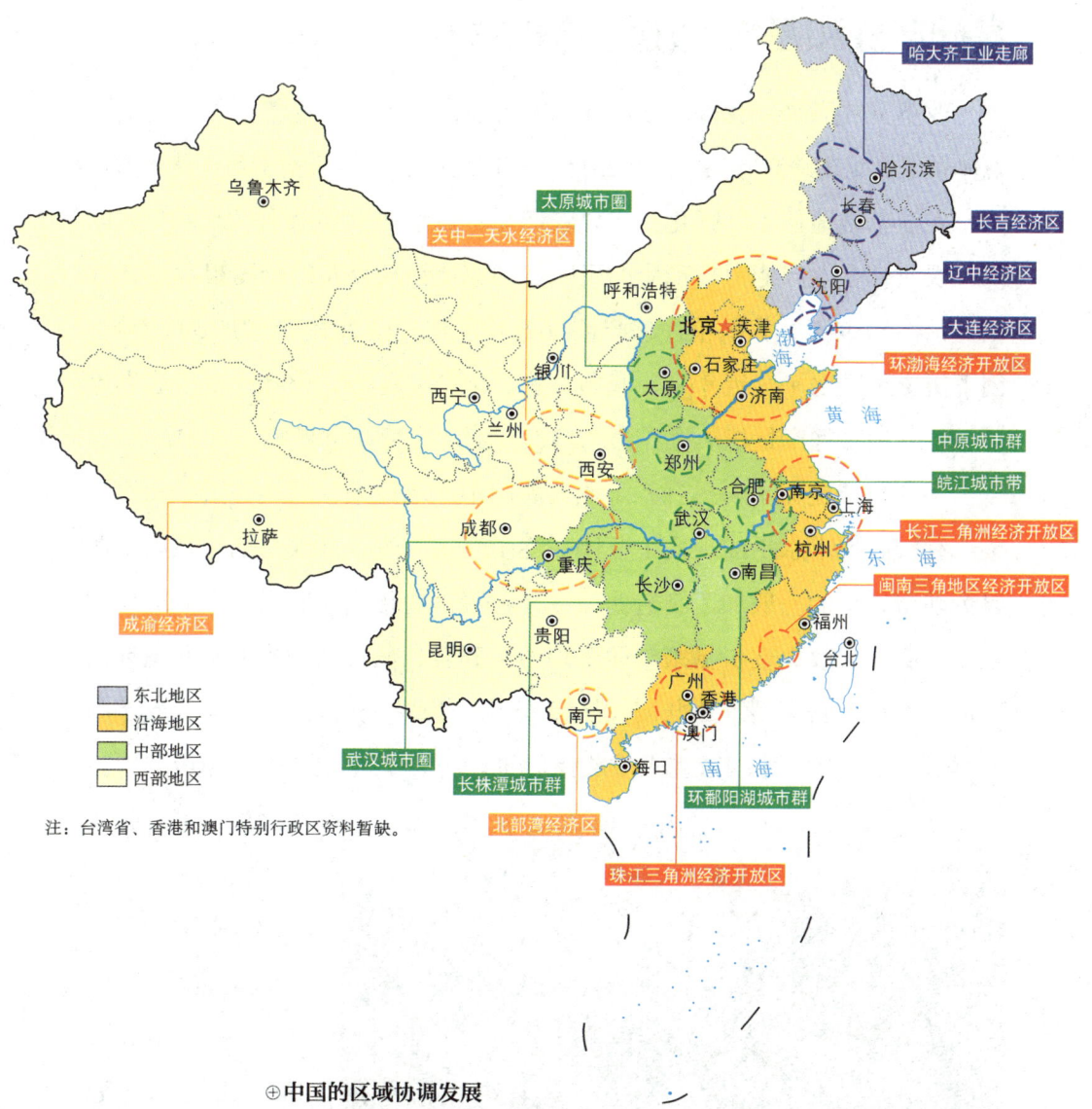

⊕ 中国的区域协调发展

三角洲一体化发展积极推进，新的经济增长极、增长带加快形成。

城镇化稳步推进，城乡发展协调性增强。改革开放以来，在农村经济体制改革、户籍制度改革等系列政策推动下，城镇化进程显著加快。2019年，我国常住人口城镇化率超过60%。近年来，我国推进以人为核心的新型城镇化，注重提升城镇化质量，推动户籍制度改革和推行居住证制度，农业转移人口市民化进程加快。

基础产业和基础设施跨越式发展

改革开放以来，我国基础产业从发展瓶颈逐渐转为优势支撑，基础设施体系建设呈现跨越式发展，供给能力迅速提高、供给质量不断优化提升。

农业基础地位不断强化，主要农产品产量跃居世界前列。改革开放以来，农业综合生产能力实现质的飞跃。国家统计局公布的全国粮食生产数据显示，2019年，我国粮食总产量66 384万吨，比2018年增加594万吨，创下历史最高水平。近年来，我国谷物、肉类、花生、茶叶产量稳居世界第一位，油菜籽产量稳居世界第二位，甘蔗产量稳居世界第三位。

工业生产能力不断提升，工业发展向中高端迈进，门类齐全、独立完整、有较高技术水平的现代工业体系逐步建立。改革开放初期，我国工业以劳动密集型的一般加工制造业为主，随着工业化快速发展，工业结构调整取得明显成效，逐步从结构简单到门类齐全、从劳动密集型工业主导向劳动资本技术密集型工业共同发展转变。近年来，在供给侧结构性改革和"中国制造2025"等国家重大战略措施推动下，工业经济多个领域取得重大突破，工业发展质量提升，正朝着制造强国的目标迈进。

改革开放以来，我国高度重视交通运输业在国民经济发展中的战略地位，不断加大交通基础设施投资力度，

⊕ 西成高铁

西成高铁，是连接西安市和成都市的高速铁路，2017年12月全线通车。古时，"蜀道难，难于上青天"。如今，西成高铁横穿秦岭，连接关中和蜀地，大大缩短两地时空距离，"千里蜀道一日还"不再是梦。

加快综合交通体系建设步伐，交通运输业实现了持续快速发展，取得丰硕成果。40多年来，交通运输综合基础设施加速成网，客货运输总量规模迅速扩大，运输保障能力显著提升，行业科技创新水平日新月异，我国已成为名副其实的交通大国。近年来，我国铁路运输网络不断扩张，尤其是2008年京津高铁的开通运营标志着我国铁路开始迈入高铁时代。经过十多年的快速建设，伴随着几十条高铁线路的相继开通，"四纵四横"高铁网基本成型，我国成为世界上唯一高铁成网运行的国家。高速公路、城市轨道运营里程以及港口万吨级泊位数量等均位居世界第一，机场数量、管道里程位居世界前列。

邮电通信业快速发展，信息基础设施服务能力大幅提升。改革开放以来，我国邮电通信业规模不断扩大，网络基础设施不断增强，信息化水平明显提高。我国邮政基础设施建设成果卓著，服务能力明显增强，传统业务得以巩固发展的同时，快递业等新兴业务也快速崛起，成为推动行业健康发展的新动能。中国通信业历经40多年的繁荣发展，无论是通信能力、电信用户规模，还是技术水平都实现跨越式发展，已成为国民经济重要的基础性和先导性产业。移动电话的普及应用、宽带网络的技术革新、移动互联网经济的蓬勃发展，通信业的每一次发展变革都实实在在改变着人们的生活方式，也为中国经济发展注入崭新活力。近年来，我国通信业投资规模逐年加大，通信网络规模容量成倍扩张，已建成包括光纤、数字微波、卫星、程控交换、移动通信、数据通信等覆盖全国、通达世界的公用电信网。

能源生产能力大幅增强，供应保障水平不断提高。2019年，我国能源生产总量达到37.7亿吨标准煤，全国发电装机容量20.1亿千瓦。水电、风电、太阳能发电装机和核电在建规模稳居世界第一，成为全球非化石能源的引领者。西气东输、西电东送等能源运输大动脉建设取得巨大成就，极大地缓解了东部地区经济发展与能源供给之间的矛盾。

对外经济发展成绩斐然，全方位开放新格局逐步形成

　　1978年，我国开启改革开放的伟大历程。1980年，深圳、珠海、汕头、厦门经济特区建立。此后，沿海、沿江、沿边、内陆地区相继开放，形成了分步骤、多层次、逐步开放的格局。2001年，我国加入世界贸易组织，对外开放进入了历史新阶段。党的十八大以来，我国加快构建开放型经济新体制。随着共建"一带一路"倡议的提出、首届"一带一路"国际高峰论坛的举办、

⊕ 对外开放格局的形成

首个由中国倡议设立的多边金融机构——亚洲基础设施投资银行的成立,我国逐步探索对外开放的新路径和新模式。

我国积极把握全球化机遇、纵深推进对外开放,充分利用国际、国内两个市场,两种资源加快发展,深入参与全球经济治理、与世界各国共同发展。贸易规模稳步扩张,贸易大国地位日益巩固。随着对外开放的深度和广度不断拓展,对外贸易总量迅速增长。2019年我国货物进出口总额达到31.54万亿元人民币,居世界第一位。

随着我国货物贸易结构的调整和转型升级的推进,加工贸易占比开始缓慢下降,货物贸易占世界比重大幅提升。随着货物贸易额稳步增加,居世界的位次逐步提高,特别是加入世界贸易组织后,我国货物贸易规模相继超越英国、法国、德国和日本。自2009年起,我国连续9年保持货物贸易第一大出口国和第二大进口国地位。自2013年起,我国超越美国成为全球货物贸易第一大国。进入21世纪以来,以电子和信息技术为代表的高新技术产品出口占比不断提高,出口商品结构不断优化升级。1978—2019年,我国的贸易伙伴已由40多个发展到230多个国家和地区,其中欧盟、美国、东盟、日本等为我国主要贸易伙伴。自2004年起,欧盟和美国已连续14年位列我国第一和第二大贸易伙伴。我国与新兴市场和发展中国家的贸易持续较快增长,2011年起,东盟超越日本成为我国第三大贸易伙伴。现东盟已成为我国第二大贸易伙伴。

近年来,随着服务业特别是生产性服务业发展水平的提高,我国专业服务领域国际竞争力不断增强,服务贸易进出口总量增加,行业结构持续优化,高质量发展特征逐步显现。随着对外开放的不断深入,以技术、品牌、质量和服务为核心的新兴服务优势不断显现,保险服务、金融服务、电信计算机和信息服务、知识产权使用费、个人文化和娱乐服务等发展迅速。

积极有效利用外资是我国对外开放基本国策的重要内容。我国不断提高开放水平,促进投资便利化,改善投资环境,利用外资质量效益不断提升,成为全球跨国投资主要目的地之一。我国坚持深化改革、扩大开放,积极应对国际金融危机后续影响等一系列重大风险挑战,努力适应外贸发展新常态,进出口形势明显好于世界其他主要经济体,对世界贸易发展作出了重要贡献。

人民生活明显改善

改革开放以来,随着我国经济社会的快速发展和综合国力的显著增强,城乡居民生活水平显著提高,居民收入持续快速增长,收入来源明显多元化,分配差距持续缩小,消费质量明显改善,食品支出比重持续下降,居住面积明显提高。特别是党的十八大以来,居民收入继续快速增长,分配差距进一步缩小,消费结构继续改善,生活质量继续提高。

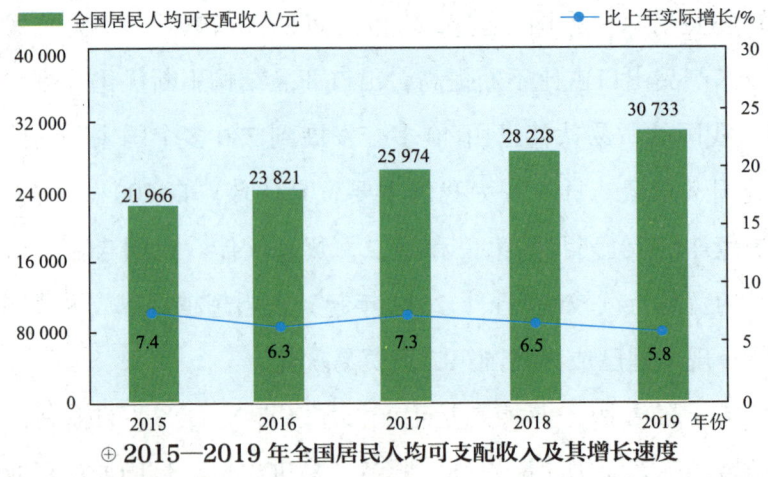

⊕ 2015—2019年全国居民人均可支配收入及其增长速度

改革开放以来,我国收入分配制度改革逐步推进,极大促进了城乡居民收入水平的提高。特别是党的十八大以来,党和政府充分发挥再分配调节功能,加大对保障和改善民生的投入,农村居民收入增速快于城镇居民,城乡居民收入差距持续缩小。我国居民收入节节攀升,消费水平大幅提高。城镇居民工资收入比重下降,经营、财产收入比重提高;农村居民收入来源由单一的集体经营收入转为家庭经营、工资、转移收入并驾齐驱。

居民消费结构明显改善，生活质量显著提高。在解决了温饱问题后，城乡居民开始从基本的吃穿消费向发展和享受型消费倾斜。同时随着消费市场持续完善，消费环境不断优化，公共设施覆盖率提高，社会服务更加全面，城乡居民从吃穿住用的品质，到能够享受的医疗教育服务水平，都发生着重大的变化。

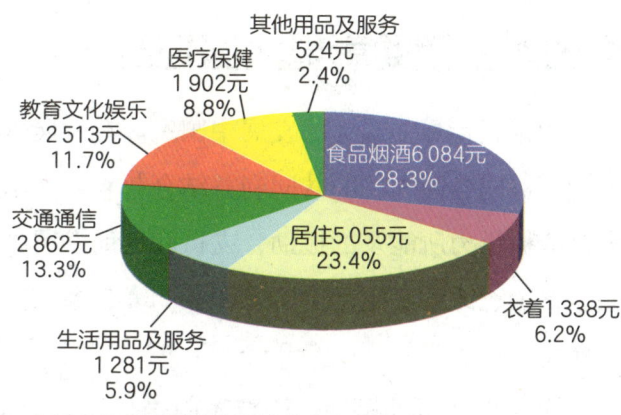

⊕ 2019年全国居民人均消费支出及构成

2019年，全国居民人均消费支出21 559元。其中，人均服务性消费支出9 886元，比上年增长12.6%，占居民人均消费支出的比重为45.9%。按常住地分，城镇居民人均消费支出28 063元，农村居民人均消费支出13 328元。全国居民食品支出比重为28.2%，比上年下降0.2个百分点。

居民生活质量不断提升，食品支出比重明显下降，改革开放初期，城乡居民膳食结构单一，以主食消费为主，随着居民收入水平的提高、食品种类的丰富，城乡居民饮食更加注重营养，主食消费明显减少，膳食结构更趋合理，食品消费品质不断提高。改革开放以来，城乡居民的衣着需求发生了三个转变，即从"保暖御寒"向"美观舒适"转变，从"一衣多季"向"一季多衣"转变，从"做衣"向"购衣"转变。居民穿着更加注重服装的质地、款式和色彩的搭配，时装化和个性化成为人们的共同追求，衣着消费支出大幅增长。进入21世纪，家庭消费也随之向现代化、科技化迈进，移动电话、计算机、汽车走入寻常百姓家。另外，改革开放以来，城乡居民的居住质量也明显提升，城乡居民交通通信支出不断增加，随着城乡医疗条件得到改善，居民医疗保障水平不断提高，居民看病就医较以前更加便利。

中国对外援助彰显大国担当

中国是世界上最大的发展中国家。在发展进程中,中国坚持把中国人民的利益同各国人民的共同利益结合起来,在南南合作框架下向其他发展中国家提供力所能及的援助,支持和帮助发展中国家特别是最不发达国家减少贫困、改善民生。中国以积极的姿态参与国际发展合作,发挥出建设性作用。

中国提供对外援助,坚持不附带任何政治条件,不干涉受援国内政,充分尊重受援国自主选择发展道路和模式的权利。相互尊重、平等相待、重信守诺、互利共赢是中国对外援助的基本原则。

近年来,中国对外援助规模持续增长,对外援助事业稳步发展,有力推动受援国经济社会发展,为缩小南北差距、促进南南合作和构建人类命

⊕ 中国努力推动国际人权事业共同发展

运共同体作出了贡献。数据显示，70多年来，中国共向166个国家和国际组织提供了近4 000多亿元人民币援助。

支持其他发展中国家减少贫困和改善民生，是中国对外援助的主要内容。中国重点支持其他发展中国家，促进其农业发展，提高教育水平，改善医疗服务，建设社会公益设施，并在其他国家遭遇重大灾害时及时提供人道主义援助。中国积极帮助其他发展中国家建设基础设施，加强能力建设和贸易发展，加大对环境保护领域的援助投入，帮助受援国实现经济社会发展。另外，中国注重在区域合作层面加强与受援国的集体磋商，利用中非合作论坛、中国—东盟领导人会议等区域合作机制和平台，多次宣布一揽子援助举措，积极回应各地区的发展需要。

随着参与国际发展事务能力的增强，中国在力所能及的前提下，积极支持多边发展机构的援助工作。中国通过自愿捐款、股权融资等方式，支持并参与联合国等多边机构开展援助行动。中国今后也将继续增加对外援助投入，有效帮助受援国改善民生，与国际社会一道，共享机遇，共赢挑战。

中国高铁的海外轨迹

从2014年7月，中国在海外承建的首条高铁——土耳其"伊安高铁"全线建成通车，到中国第一条全系统、全产业链对外输出的高铁项目——印尼"雅加达—万隆（雅万）"高铁的顺利推进，从第四届中俄博览会中国中铁股份有限公司与俄罗斯签署修建高铁协议，到今后中国高铁"走出去"的主力军——中国具有完全自主知识产权、达到世界先进水平的中国标准动车组"复兴号"正式运营，中国高铁"走出去"战略取得积极进展。

早在2009年，中国就正式提出了高铁"走出去"战略。从2013年以来，"中国高铁"已是国家领导人出访中新的外交名片，随着"一带一路"倡议的提出，基础设施的互联互通越来越受到重视，中国高铁也以前所未有的速度和广度"走出去"，不断刷新着人们的认知。

中国高铁起步虽晚，但发展十分迅速。中国高铁不仅很快形成了比较完善的高铁技术体系，并且与其他国家相比具有"先天的成本优势"，这些都进一步加快了中国高铁"走出去"的步伐。

中国高铁"走出去"的重要一站是在印度尼西亚。雅万高铁从技术标准、勘察设计、工程施工、装备制造，到物资供应、人才培训、列车运营等都将采用中国标准，堪称中国高铁全系统、全产业链"走出去"的第一单。2017年5月14日，在首届"一带一路"国际合作高峰论坛期间，雅万高铁项目贷款协议正式签署，贷款额度为45亿美元。这标志着中国高铁"走出去"的第一单进入快速实施阶段。

雅万高铁全长142千米，最高设计时速350千米，其建成通车后，雅加达到万隆的列车运行时间由3个多小时缩短至40分钟左右。印度尼西亚是中国提出的21世纪"海上丝绸之路"的重要合作伙伴，因此雅万高铁的建设，不仅能促进印度尼西亚经济社会发展，而且能推动"一带一路"倡议的设施联通、政策沟通、贸易畅通、资金融通、民心相通的"五通"建设。

2017年6月20日，第四届中俄博览会上，中国与俄罗斯签署了一项价值25亿美元的备忘录，在俄罗斯修建一条连接俄罗斯第三大城市叶卡捷琳堡和车里雅宾斯克的高速铁路。该铁路全长约200千米，建成后，预计将使这两座城市之间的旅程从现在的5小时缩短至1小时10分钟。

目前，中国高铁项目已经在泰国、巴西、墨西哥、俄罗斯等多个国家和地区开展并实现了合作，辐射非洲、亚洲、欧洲、美洲、大洋洲等区域。这些项目的顺利推进，昭示着中国高铁向外发展的喜人态势。中国高铁的"走出去"，不仅使中国高铁开始作为"中国速度""中国制造"的一张名片加速走向世界，而且也为推动"一带一路"建设和国际产能合作释放出强大动能。

筑建和平的国防基石

巩固国防和强大人民军队是新时代坚持和发展中国特色社会主义、实现中华民族伟大复兴的战略支撑。坚持和发展中国特色社会主义，必须统筹好发展和安全、富国和强军。我们要坚定不移贯彻新发展理念，构建新发展格局，努力推动高质量发展，同时也要与时俱进加强国防和军队建设，全面提高捍卫国家主权、安全、发展利益的战略能力，使强国与强军互促互进、相得益彰。

新时代强军之路——再造精兵劲旅

惟改革者进，惟创新者强，惟改革创新者胜。面对强国强军的时代要求，我国国防和军队建设不断推进。我军坚持"瘦身"与"强身"相统一，规模结构和力量编成改革不断推进，再造精兵劲旅。中国人民解放军成立五大战区，即东部战区、西部战区、南部战区、北部战区、中部战区，构建军队联合作战体系。同时，中国人民解放军调整组建五大军种，即陆军、海军、空军、火箭军、战略支援部队。国防和军队改革取得历史性突破，形成军委管总、战区主战、军种主建的新格局，军队组织架构和力量体系都实现革命性重塑，国防和军队的现代化建设取得巨大成就。

随着军队领导指挥体制改革、规模结构和力量编成改革任务的推进落实，我军组织架构和力量体系实现整体性、革命性重塑。我们坚定不移走中国特色精兵之路，坚持减少数量、提高质量，优化兵力规模结构，精简机关和非战斗机构人员，淘汰老旧装备，推动我军由数量规模型向质量效能型、人力密集型向科技密集型转变，全面推进国防和军队现代化。

陆军的建立与发展

中国人民解放军诞生于1927年8月1日，中国人民解放军陆军是人民解放军的主要军种，是陆地作战的主力，是人民解放军各军兵种中历史最久、在新中国成立前后的历次作战中发挥最出色的军种，也是社会主义现代化建设和各种抢险救灾中的中坚力量。目前，陆军已由单一兵种发展成为多兵种合成的现代陆军。陆军由机动作战部队、警卫警备部队、边海防

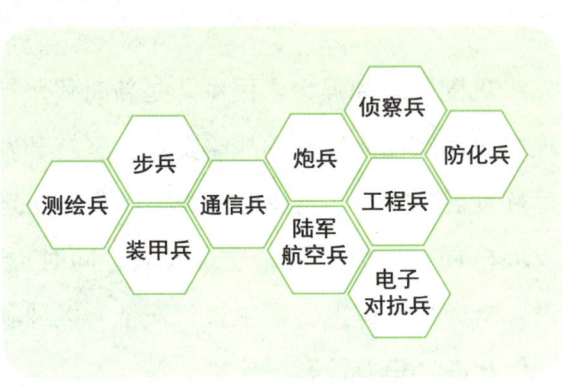

⊕陆军主要兵种

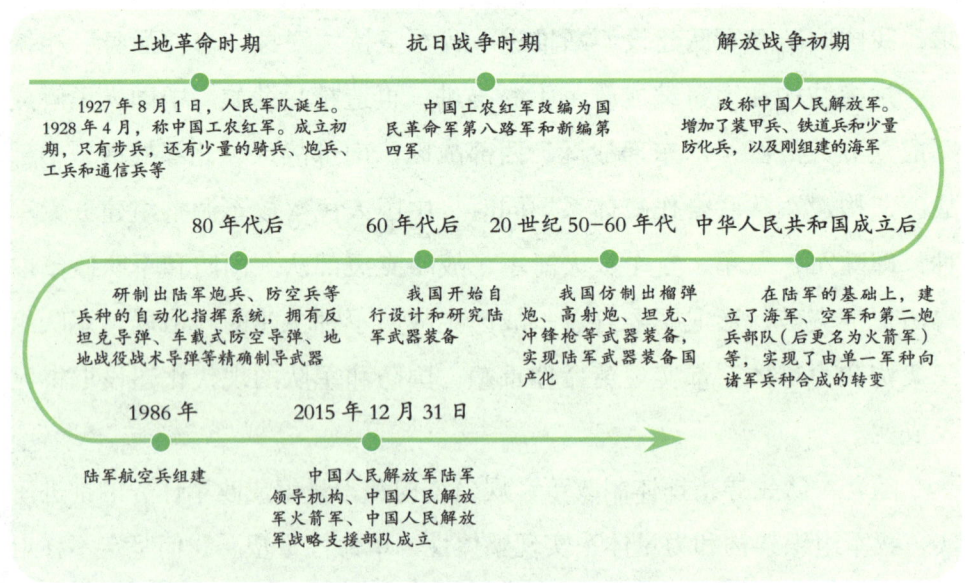

⊕中国人民解放军的历史沿革和中国人民解放军陆军的发展进程

部队和预备役部队组成,兵种包括步兵、装甲兵、炮兵等。

2015年12月,陆军领导机构正式成立。2016年,中国人民解放军战区成立大会举行,原七大军区改为五大战区,部队行政管理和作战指挥实现了分离。各军种负责本军种部队建设,战区负责作战指挥,构建"军委—战区—部队"的作战指挥体系和"军委—军种—部队"的领导管理体系。中国人民解放军陆军由五大战区陆军、13个集团军构成。预备役部队用于协助保护边境安全,随时等候征召,应对自然灾害。战时,预备役部队可组成30个步兵师和数量与之相当的独立旅。

海军驶向深蓝

1949年4月23日,华东军区海军领导机构成立,人民海军从此诞生。此后,海军各项建设不断完善,到1960年,由东海、南海、北海3个舰队和海军航空兵部队构成的海军部队主体已基本建成。

改革开放40多年来,中国海军装备建设取得长足发展,体系结构逐

⊕ "辽宁舰"(新华社查春明 摄)

步优化，整体作战能力不断提高，驱逐舰、护卫舰、两栖登陆舰、综合补给舰、潜艇等新型舰艇装备批量列装。2012年，我国第一艘航空母舰"辽宁舰"交接入列。中国发展航空母舰，对于建设强大海军和维护海上安全具有深远意义。

在党中央、中央军委的正确领导下，中国人民海军已经建设发展成为由五大兵种组成的战略性、综合性、国际性军种，包括水面舰艇部队、潜艇部队、航空兵、岸防兵、陆战队、航空母舰等兵种。此外，海军还陆续组建了各种专业勤务部队，包括观察、侦察、通信、工程、航海保障、水文气象、防险救生、防化、后勤供应和装备修理等部队，其任务是保障海军各兵力顺利进行战斗活动。

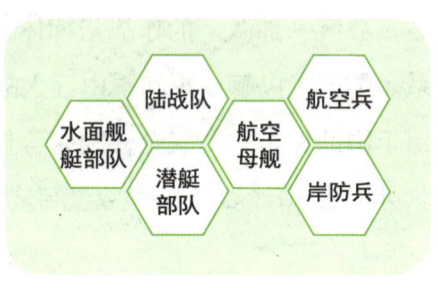
⊕ 海军主要兵种

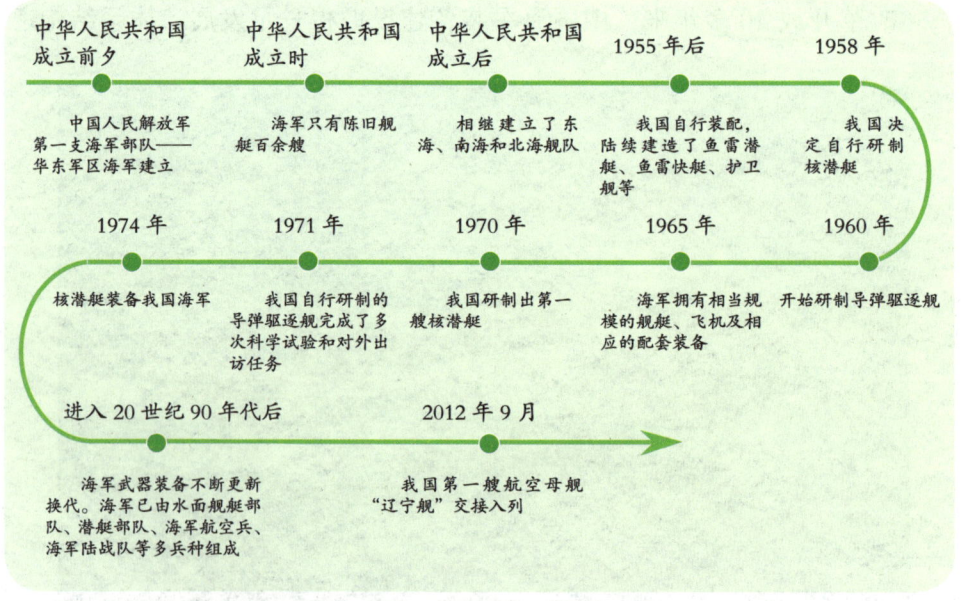
⊕ 中国人民解放军海军的发展进程

第二章　世界舞台上的中国 | 33

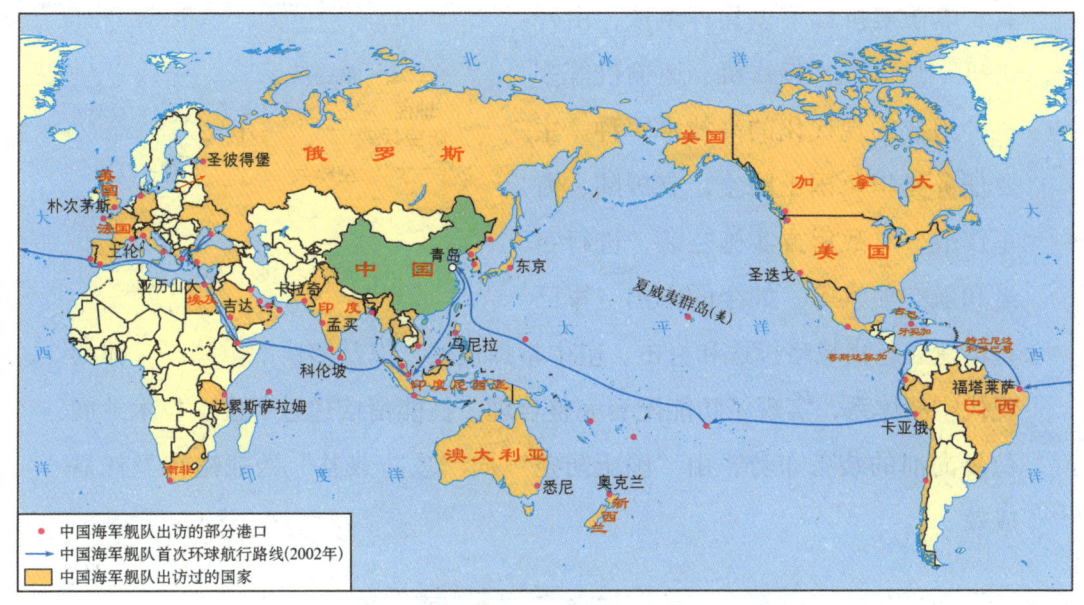

⊕ 中国海军舰队出访示意图

自 1985 年中国海军舰队首次走出国门以来，中国海军舰艇编队不断走向深蓝，走向世界。2002 年，中国海军舰队从青岛港出发，经东海、南海和马六甲海峡，跨越印度洋，走进红海、地中海，出大西洋，再经加勒比海，南下太平洋，转而向西，回到青岛，实现首次环球航行。迄今，中国海军舰队的航迹遍及六大洲、三大洋。

推动建设持久和平、共同繁荣的和谐世界，是世界各国人民的共同愿望。中国海军先后组织远洋护航、联合军演、国际救援、医疗服务、撤侨护航等系列任务，积极履行国际义务，用实际行动向世界展示了中国海军的优良作风，彰显了负责任大国的良好形象。

空军的建立与发展

中国人民解放军空军于 1949 年 11 月 11 日正式成立，经过 70 多年的建设，人民空军已经发展成为一支由航空兵、地面防空兵、雷达兵、空降兵、电子对抗兵等多兵种组成，由歼击机、强击机、轰炸机、运输机等多机种组成的现代化的高技术军种。主要任务是担负国土防空，支援陆、海军作战，对敌后方实施空袭，进行空运和航空侦察等。如今的中国空军已基本建立起集战略投送和打击、空中指挥侦察，以及多层次空防于一体的现代空战体系，实现了功能配套完整合理、性能衔接递进有序、技术发展稳步向前的装备布势，由"国土防空"向"攻防兼备"的战略转型初显成效。

⊕ 空军主要兵种

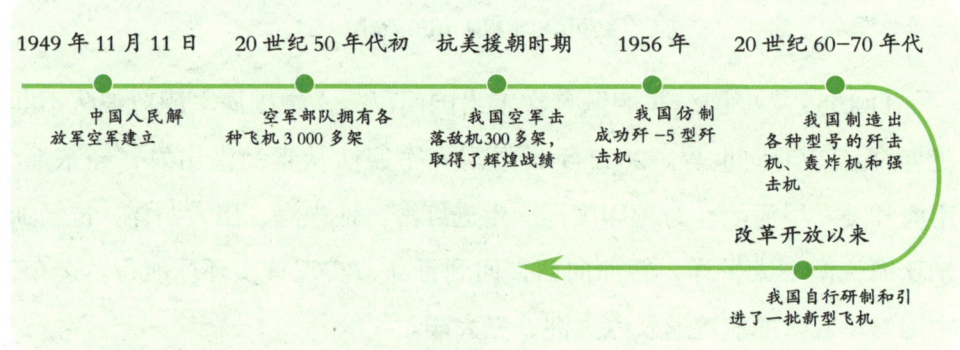

⊕ 中国人民解放军空军的发展进程

火箭军

中国人民解放军火箭军是中国人民解放军新的军种，由第二炮兵部队更名而来，于2015年12月31日正式成立，是维护国家安全的重要基石。其前身第二炮兵部队成立于1966年7月1日，它由中央军委直接领导，是中国实施战略威慑的核心力量，主要担负遏制他国对中国使用核武器、进行核反击和常规导弹精确打击任务。火箭军，这支掌握着"大国利剑"的神秘部队从诞生伊始便肩负着保障中华民族根本生存利益的重任。

可以说，对于潜在的敌对势力而言，火箭军堪比古希腊神话中的"达摩克利斯"之剑，是震慑敌人最有力的杀手锏。

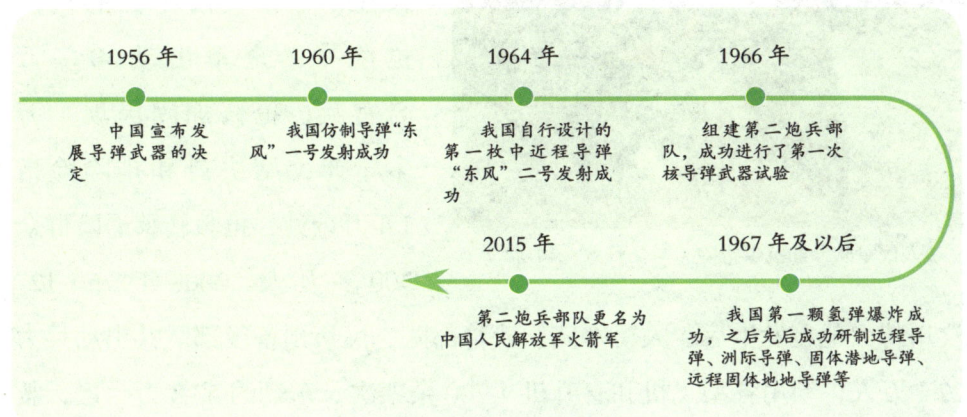

⊕中国人民解放军火箭军的发展进程

战略支援部队

2015年12月31日与陆军领导机构、火箭军一共挂牌，战略支援部队正式亮相中国人民解放军的"大家庭"。战略支援部队是维护国家安全的新型作战力量，是我军新质作战能力的重要增长点。成立战略支援部队有利于优化军事力量结构，提高综合保障能力。战略支援部队坚持体系融合、军民融合，努力在关键领域实现跨越发展，高标准、高起点推进新型作战力量加速发展、一体发展，努力建设一支强大的现代化战略支援部队。

钢铁长城

投身抢险救灾，保护人民生命财产安全。自然灾害给人们正常生活和社会稳定带来了巨大危害，人民军队始终是抢险救灾的中坚力量，承担最紧急、最艰难、最危险的救援任务。据不完全统计，改革开放以来，人民军队共参加抢险救灾10万余次，出动官兵2 000多万人次，飞机、舰艇

⊕ 人民军队参加抗洪抢险（新华社曹先训 摄）

2万余架（艘）次，抢救遇险群众2 000多万人。在1998年长江、嫩江、松花江的抗洪抢险中，全军出动30多万名官兵，抢修加固堤坝1万多千米，堵决口和排除险情1.4万余处，抢救转移遇险群众300多万人。2008年"5·12"汶川特大地震发生后，人民军队、武警部队、民兵预备役部队共出动兵力22.1万人，动用各型飞机和直升机4 700余架次，车辆约53.3万台次，救出生还者3 328多人，转移受困群众约140万人。除此之外，人民军队还在森林灭火、抗击疫情等行动中投入兵力，发挥了巨大作用。

常态化开展海上维权执法。"面向海洋则兴，放弃海洋则衰"，我国有漫长的海岸线和广阔的海洋权益区。改革开放以来，我国积极开展海洋维权执法。2013年，我国划设东海防空识别区，开展常态化管控活动。中

⊕ 中国海事巡航船（新华社初阳 摄）

国海警积极部署重点岛礁管控，严密组织实施专项维权执法任务，不断派出舰艇力量护渔执法，坚定守护蓝色海疆，助力我国海洋经济健康稳定发展。

打击恐怖主义，维系一方平安。近年来，暴力恐怖势力、民族分裂势力、宗教极端势力等逐步在世界各地蔓延，给社会安定和人民生活造成了极大危害。人民军队依照法律法规参加维护社会秩序行动，防范和打击"三股势力"。陆军主要承担防范恐怖活动、核生化爆检测、医疗救援等任务，海军主要承担排除水域安全隐患、防范来自海上恐怖袭击等任务，空军主要承担保卫重大活动举办地和周边地区空中安全等任务。改革开放以来，人民军队多次参加协助公安、武警部队打击暴恐分子，维护社会稳定行动，参与了几乎所有重大活动的安保工作。

中国军队始终是世界和平的捍卫者

中国人民解放军自成立以来，始终在中国共产党的领导下为中国人民求解放、求幸福，为中华民族谋独立、谋复兴，始终是中国人民的守护者、国家安全的维护者，是世界和平的坚定捍卫者。

中国军队始终传承中华文化的和平基因。中华民族历来是热爱和平的民族，中国军队秉承中华民族热爱和平的传统，始终坚持慎重对待战争，不搞军事侵略和扩张，为维护地区和平稳定作出了表率。

中国军队始终保持合理适度的建设水平。中国在国防和军队建设上一直坚持走符合国情的发展道路。在中国经济保持持续稳定增长的情况下，中国国防经费始终保持着合理适度的规模。长期以来，中国国防费占GDP总量的1.3%左右，低于2.3%~2.5%的世界平均水平。

中国始终高举和平、发展、合作、共赢的旗帜，始终奉行防御性国防政策。在维护国家主权、安全和发展利益的斗争中，中国一贯主张和平解决国际争端，坚持通过对话谈判、平等协商解决与有关国家的矛盾和问题，反对动辄使用武力或以武力相威胁。

中国军队始终是维护世界和平和地区稳定的坚定力量。习近平总书记在庆祝中国人民解放军建军90周年大会上指出，中国始终是世界和平的建设者、全球发展的贡献者、国际秩序的维护者，中国军队始终是维护世界和平的坚定力量。长期以来，中国军队积极参加国际军事合作，共同应对全球性安全挑战，努力为国际社会和地区安全提供公共产品，成为维护世界和平的强大力量。中国是联合国安理会常任理事国中派遣维和人员最多的国家。中国海军先后派出30余批编队赴亚丁湾、索马里海域执行护航任务。

事实证明，中国军队在力所能及的范围内承担了越来越多的国际责任和义务，为维护世界和平，促进共同发展作出了重要贡献。

⊕ 人民军队接受检阅

也门撤侨：中国的"诺亚方舟"

2018年，以也门撤侨为背景改编的电影《红海行动》在中国热映。也门撤侨，是中国海军继2011年赴利比亚海域执行撤侨任务后第二次执行撤侨任务，与上次不同的是，上次仅是派军舰为搭载中国公民撤离的船只护航，而此次则是军舰直接靠泊他国港口，运送中国公民。

⊕ 也门撤侨路线示意图

2015年3月26日起，沙特等10国发动"决心风暴"军事行动，对也门持续进行空袭。根据我国政府统一部署，在亚丁湾、索马里海域执行护航任务的中国海军第十九批护航编队于当地时间2015年3月29日赶赴也门，执行撤离中国在也门人员任务。

此次撤侨任务分两批，第一批：中国海军护航编队护卫舰临沂舰于3月29日载着首批122名中国公民以及两名来自埃及和罗马尼亚的中企人员撤离亚丁港，于当地时间29日晚抵达吉布提共和国吉布提港。第二批：中国海军护航编队护卫舰潍坊舰30日载着449名中国公民平安撤离也门西部荷台达港，于31日凌晨抵达吉布提港。至此，需要撤出的571名中国公民已全部安全撤离也门。中国政府在这次也门撤侨行动中，还协助罗马尼亚、印度、埃及等国的8名外籍中企职员平安撤离。另外，4月2日，中国海军临沂舰还搭载了巴基斯坦等10个国家在也门的225名侨民自也门亚丁港平安驶抵吉布提港。

此次撤离行动是中国政府首次为撤离处于危险地区的中国公民采取的专门行动，也是中国政府应有关国家请求而开展的人道主义救援行动，充分体现了中国"以人为本"的理念和国际主义、人道主义精神。

持续创新的科教卫事业

从实施科教兴国、人才强国战略到深入实施创新驱动发展战略，从增强自主创新能力到建设创新型国家，我国科技发展日新月异，科技实力伴随经济发展同步壮大，为我国综合国力的提升提供了重要支撑。特别是党的十八大以来，创新驱动发展战略全面实施，科技体制机制改革进一步深化，研发投入持续增加，创新活力竞相迸发，重大成果不断涌现，体系建设逐步完善。我国科技步入快速发展轨道，成为具有全球影响力的科技创新大国。

中国科技事业的发展

中华人民共和国成立之初，科技事业在"一穷二白"的条件下艰难起步。那时，有限的科技资源为国防、航天、地矿、石化等行业起步和发展发挥了重要作用，全国人民积极支援国家重点项目建设并取得了巨大成就。"两弹一星"研制成功，其中"两弹"指核弹和导弹，"一星"指人造

⊕ 我国第一颗原子弹爆炸成功

⊕ "东方红一号"发射成功

地球卫星。1960年11月5日，中国仿制的第一枚导弹发射成功。1964年10月16日，中国第一颗原子弹爆炸成功。我国成为了世界上第五个拥有原子弹的国家。1967年6月，中国第一颗氢弹空爆试验成功。1970年4月24日，中国第一颗人造地球卫星发射成功，使我国成为世界上第五个能独立发射人造地球卫星的国家。

1964年，袁隆平在中国首先开始了水稻杂交优势利用的研究，率先育成中国第一个水稻雄性不育系（1972年）和第一个强优组合（1973年）。袁隆平因对杂交水稻的杰出贡献，于2001年荣获我国首届国家最高科学技术奖。首次育

⊕袁隆平

成的强优势籼型杂交水稻，不仅在很大程度上解决了中国人的吃饭问题，而且也被认为是解决世界性饥饿问题的法宝。国际上甚至把杂交水稻当作中国继四大发明之后的第五大发明，誉为"第二次绿色革命"。

"洞庭湖的麻雀——见过几回大风浪"，这是湖南人常说的歇后语。在讲述自己的杂交水稻梦时，袁隆平笑言："有人说我是洞庭湖的老麻雀，但我更愿意做太平洋上的海鸥，让杂交水稻技术越过重洋。"袁隆平写于1985年的《杂交水稻简明教程》，经联合国粮农组织出版后，目前已发行到40多个国家，成为全世界杂交水稻研究和生产的指导用书。因"为保障世界粮食安全和解除贫困展示了广阔前景"并"致力于将杂交水稻技术传授并应用到包括美国在内的世界几十个国家"，2004年，袁隆平获得了世界粮食奖。"一带一路"倡议为帮扶沿线国家提高粮食生产提供强大助力。据统计，截至2018年底，已有40多个国家种植了超过700万公顷的杂交水稻。

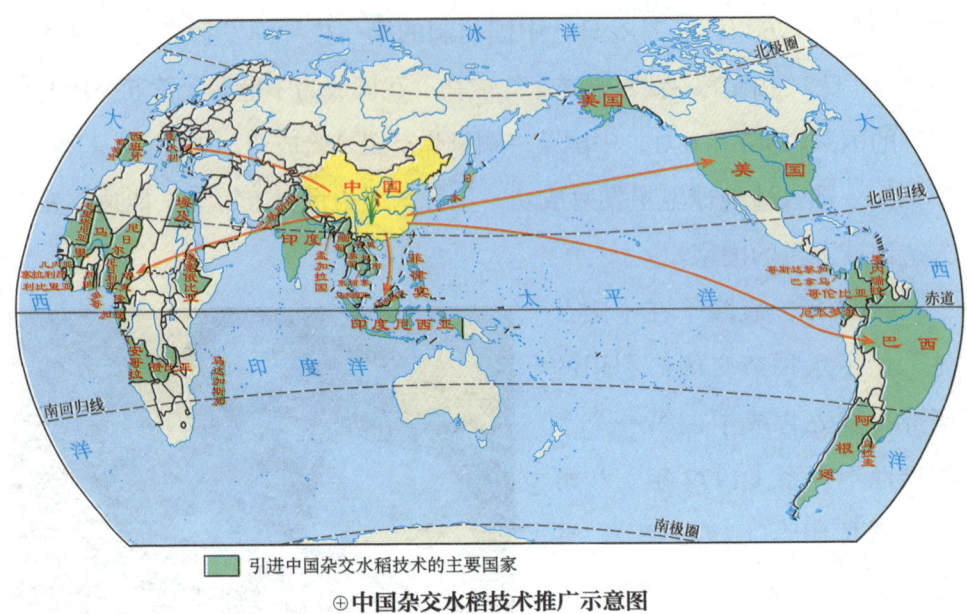

引进中国杂交水稻技术的主要国家

⊕ 中国杂交水稻技术推广示意图

　　1992年1月，中国政府批准载人航天工程正式上马，并命名为"921工程"。在"921工程"的七大系统中，核心是载人飞船。1999年11月20日，中国第一艘无人试验飞船神舟一号飞船在中国酒泉卫星发射中心起飞，21小时后在内蒙古中部回收场成功着陆，圆满完成"处女之行"。2003年10月15日，我国自行研制的神舟五号载人飞船在酒泉发射升空，这是中国首次进行载人航天飞行。2011年11月，天宫一号与神舟八号飞船成功对接，中国也由此成为世界上第三个自主掌握空间交会对接技术的国家。

　　2013年6月，习近平总书记来到酒泉卫星发射中心航天员公寓"问天阁"，为即将出征的神舟十号飞船航天员壮行。他指出："你们这次执行的是我国第五次载人航天飞行任务，这承载着中华民族的航天梦。在此，我祝你们成功，期待你们凯旋！"13天后，习近平总书记在北京航天飞行测控中心，与正在天宫一号执行任务的三位航天员进行天地通话。他表示，"飞天梦"是强国梦的重要组成部分，随着中国航天事业的快速发展，中国人探索太空的脚步会迈得更大、更远。

2016年10月，中国在酒泉使用长征二号FY11运载火箭成功将神舟十一号载人飞船送入太空。10月19日，神舟十一号飞船与天宫二号自动交会对接成功，航天员景海鹏、陈东进入天宫二号。2017年4月，天舟一号在文昌航天发射场顺利发射入轨。天舟一号是为我国载人空间站工程全新研制的第一艘货运飞船，此次任务也是天舟货运飞船与长征七号运载火箭组成的空间站货物运输系统的首次亮相。按计划，中国空间站将于2022年前后建成，这将是我国长期在轨稳定运行的国家太空实验室，将全面提升我国载人航天综合应用水平。

经过几代航天人的接续奋斗，我国航天事业创造了以"两弹一星"、载人航天、月球探测为代表的辉煌成就，走出了一条自力更生、自主创新的发展道路，积淀了深厚博大的航天精神。

深海潜水是海洋科学研究中最薄弱、最前沿的领域。作为人类探索海洋和维护海洋权益的大国重器，深渊潜水器发挥着不可替代的重要作用。

2009—2012年，"蛟龙号"接连取得1 000米级、3 000米级、5 000米级和7 000米级海试成功。2012年6月，"蛟龙号"在马里亚纳海沟创造了下潜7 062米的中国载人深潜纪录，也是当时世界同类作业型潜水器最大下潜深度纪录。中国是继美、法、俄、日四国之后，世界上第五个掌握大深度载人深潜技术的国家。在全球载人潜水器中，"蛟龙号"属于第一梯队。

2020年11月，我国自主研发的"奋斗者"号载人潜水器，在马里亚纳海沟成功下潜，深度突破10 000米，再创我国载人深潜的新纪录。

⊕ "奋斗者"载人深潜器（新华社杨宁军 摄）

量子通信具有高效率和绝对安全等特点,并因此成为国际上量子物理和信息科学的研究热点。2016年8月"墨子号"量子科学实验卫星在酒泉卫星发射中心成功发射升空,标志着我国空间科学研究又迈出重要一步。2017年,中国发射的世界首颗量子科学实验卫星"墨子号"圆满完成了4个月的在轨测试任务,正式交付用户单位使用。2017年9月29日,世界首条量子保密通信干线——"京沪干线"正式开通。当日,结合"京沪干线"与"墨子号"的天地链路,中国科学家成功实现了洲际量子保密通信。这标志着中国在全球已构建出首个天地一体化广域量子通信网络雏形,为未来实现覆盖全球的量子保密通信网络迈出了坚实的一步。

2017年5月3日,世界上第一台超越早期经典计算机的光量子计算机在中国诞生。这个"世界首台"是货真价实的"中国造",在原型机上运行一些量子算法,其速度足足比国际上第二名要快24 000多倍,人类历史上早期的那些经典计算机都无法与之比肩。

⊕ "中国天眼"

世界最大的单口径球面射电望远镜（FAST），又被形象地称作"中国天眼"，比著名的美国阿雷西博射电望远镜的综合性能提高了约 10 倍。2017 年 10 月，中国科学院国家天文台宣布，"中国天眼"的 500 米口径球面射电望远镜经过一年期的紧张调试，已实现指向、跟踪、漂移扫描等多种观测模式的顺利运行，并确认了多颗新发现的脉冲星。2020 年 1 月 11 日，"中国天眼"通过验收，投入正式运行。

2017 年 5 月，我国首次海域可燃冰（天然气水合物）试采成功，成为全球第一个实现在海域可燃冰试开采中获得连续稳定产气的国家。

随着科技进步和自主创新能力的提升，我国很多交通基础设施建造技术达到了世界先进水平。中国高铁装备技术不断突破创新，以高速列车、大功率机车为代表的一批具有自主知识产权的高性能铁路装备技术达到世界先进水平，部分达到世界领先水平。具有完全自主知识产权的"复兴号"标准动车组投入运营，树立起世界高铁建设运营新标杆。2017 年 5 月，

港珠澳大桥

⊕ 我国自主研制的首架喷气式大型客机C919（新华社丁汀 摄）

我国自主研制的新一代喷气式大型客机C919在上海浦东机场成功首飞。中国成为世界上为数不多的能够自主研制大飞机的国家，C919最大航程超过5 000千米，综合性能处于国际领先水平。2018年10月，全球最长跨海大桥——港珠澳大桥正式通车运营，港珠澳大桥被称为"基础设施建设领域的珠穆朗玛峰"。以港珠澳大桥为代表的桥岛隧集群工程举世瞩目，我国特大桥隧建造技术达到世界先进水平。

中国教育事业飞速发展

改革开放以来，我国坚决落实教育优先发展战略，进一步完善教育经费筹措机制，努力增加教育投入，为推动教育改革发展、促进教育公平、提高教育质量提供了强有力的保障。2019年，全国教育经费总投入50 178.12亿元，是1978年的533倍，全国学前教育、义务教育、高中阶段教育、高等教育经费总投入分别为4 099亿元、22 780亿元、7 730亿元、13 464亿元，比上年分别增长11.63%、9.12%、7.53%、11.99%。伴随我国各级各类教育的不断发展，教师队伍规模不断扩大，专任教师人数从1978年的899万人增加到2019年的1 732万人，教师规模居世界首位。乡村教师队伍建设攻坚战取得重大进展。2006年启动实施"特岗计划"，中央财政持续投入经费450多亿元，为中西部乡村补充了60多万名中小学教师。2007年起实施教育部直属师范大学师范生免费教育，已持续为中小学补充了7万多名高素质教师，90%到中西部中小学任教。

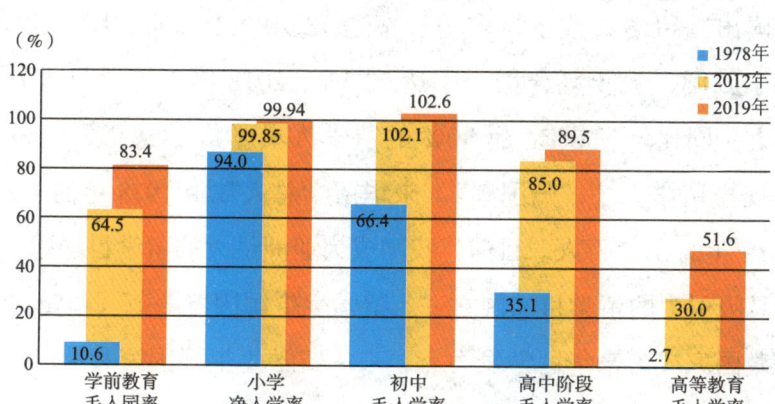

⊕ 我国各学段入学率统计图

2019年，全国各类高等教育在学总规模4 002万人，高等教育毛入学率51.6%。全国共有普通高等学校2 688所（含独立学院257所），其中本科院校1 265所；高职（专科）院校1 423所。研究生培养机构828个，其中普通高等学校593个，科研机构235个。普通高等学校均规模11 260人，其中，本科院校15 179人，高职（专科）院校7 776人。2019年，普通高等学校教职256.67万人，专职教师174.01万人。我国高校面向世界科技前沿、面向经济主战场、面向国家重大需求，发挥科教融合、人才汇聚、学科综合等优势，高校科技事业取得了全方位、历史性成就。

我国教育对外开放不断深化，留学工作迅速发展，双向留学规模持续扩大，成为服务国家战略的重要途径和提升国家软实力的重要载体。1978年，我国出国留学人数不到千人，2018年我国出国

⊕ 2016年中国国际教育巡回展（新华社发）

留学人数达到 66.2 万人，是世界最大留学生生源国。从 2008 年至 2018 年间，中国出国留学人数年复合增长率达 13.9%。从 2008 年至 2018 年间，中国留学归国人数年复合增长率达 22.3%。2018 年，留学归国人数达到 51.9 万人，同比增长 8%。超 80% 的留学人员学成后选择回国发展，形成了大规模留学人才"归国潮"。来华留学总人数由 1978 年的 1 236 人增长至 2019 年的 37.7 万人。目前，我国成为亚洲最大的留学目的国，也是世界上最具吸引力的留学目的国之一。留学生生源国覆盖范围稳定，"一带一路"沿线国家成为来华留学发力点。来华留学生生源国家和地区中，人数前 10 位生源国依次为韩国、美国、泰国、印度、俄罗斯、巴基斯坦、日本、哈萨克斯坦、印度尼西亚和法国。

医疗卫生事业全面推进

从 1978 年到 2018 年，从开启新时期到跨入新时代，全国人民风雨同舟，披荆斩棘，砥砺奋进。回首我国在各个领域翻天覆地的变化，医疗卫生领域发生的巨变，可以称得上独树一帜。

从早期群众看病的"老三样"——听诊器、血压计、体温表，到如今的 B 超、CT（断层扫描）、核磁共振；从背着药箱穿街走巷的"赤脚医生"，到互联网医院专家远程问诊；从条件简陋的乡村诊所，到现代化的"超级医院"……40 多年的沧桑巨变，见证了中国医疗卫生事业的飞速发展与进步。特别是党的十八大以来，保障人民群众身体健康成为党和政府施政的优先选项之一，医疗卫生改革大踏步迈进。"没有全民健康，就没有全面小康"，"健康中国"已经成为实现中华民族伟大复兴中国梦的有力支撑。

2017 年，城镇居民医疗保险和新型农村合作医疗保险合并整合，城市、农村参保人员不再一分为二，公平享有同一医保制度。截至 2019 年底，我国基本医保参保人数超过 13.5 亿人，参保覆盖率继续稳定在 95%

以上。实施健康扶贫三年攻坚行动，总体思路是聚焦深度贫困地区和卫生健康服务薄弱环节，加大政策供给和投入支持力度，创新体制、转换机制、防治结合、关口前移，保障贫困人口享有基本医疗卫生服务，防止因病致贫、因病返贫。

⊕人人享有基本医疗保险　　　　　　⊕医疗保险可异地结算

改革开放以来，我国建成了包括养老、医疗、低保、住房在内的社会保障体系，基本养老保险覆盖超过 9 亿人，医疗保险覆盖超过 13.5 亿人。全国医疗卫生机构不断增多，1978 年，全国医疗卫生机构总数为 17 万个，到 2018 年 5 月底，这一数据增长为 99.6 万人。医疗服务能力显著增强，人工智能、互联网等技术手段深入渗透医疗领域，以微创、个体化为特点的现代医疗技术也在临床广泛应用。优质医疗资源上下贯通，基层医疗服务能力稳步提升。据不完全统计，目前省域内就诊率平均达到 93%，县域内就诊率平均达到 82.7%。

根据 2017 年发表的《中国健康事业的发展与人权进步》的白皮书，中国人均预期寿命从 1981 年的 67.9 岁提高到 2016 年的 76.5 岁。相关统计数据也显示，2016 年，上海和北京户籍人口平均预期寿命分别达到 82.51 岁和 82.03 岁，中国人均预期寿命超过 70 岁的有 26 个省级行政区域。总体来看，中国人均预期寿命已位于发展中国家的前列，部分地区达中等发达国家水平，健康指标总体上也优于中高收入国家平均水平。

中国医疗惠及世界

20世纪60年代，每年约有2亿至5亿人被疟疾感染，数百万人丧生，这其中主要是孕妇和5岁以下儿童。全球面临疟疾灵药失效的严峻危机，奎宁、氯喹等抗疟药已经引发了疟原虫的耐药性。中国从1964年起组成以屠呦呦为核心的团队开展抗疟药研究。1986年，中医研究院中药研究所研制的青蒿素类抗疟药，获得卫生部实施新药审批办法以来的第一个新药证书。

⊕屠呦呦获得了诺贝尔生理学或医学奖

为进一步提高药效，中国科学家还研制出青蒿琥酯、蒿甲醚等一类新药。其中，青蒿琥酯制注射剂已全面取代奎宁注射液，成为世界卫生组织强烈推荐的重症疟疾治疗首选用药，在全球30多个国家挽救了700多万名重症疟疾患者的生命，且其中主要为5岁以下儿童。2015年屠呦呦赢得了诺贝尔生理学或医学奖，她也成为首位获得该殊荣的中国人。

中国对全球卫生问题的积极影响力越来越大，这一点已得到越来越多人的认可。从2014年至2016年，中国先后派遣1 200名医疗工作者赴西非，协助解决西非国家发生的埃博拉病毒危机。在2020年新冠肺炎疫情期间，中国先后向32个国家派出34支医疗专家组，向150个国家和4个国际组织提供283批抗疫援助，向200多个国家和地区提供和出口防疫物资，有力支持了全球疫情防控。中国以实际行动帮助挽救了全球成千上万人的生命，以实际行动彰显了中国推动构建人类命运共同体的真诚愿望。

⊕中国赴阿尔及利亚抗疫医疗专家组（新华社发）

百花齐放的文体事业

中华人民共和国成立 70 多年来，人民对文体产品的质量、品位、风格等的要求越来越高。我国始终坚持守正创新，着眼满足人民群众精神生活新期待，大力推动文体事业供给侧结构性改革，实现文体事业百花齐放，以高质量精神供给增强人民群众的获得感与幸福感。

文化出版业的发展

改革开放以来，我国由"书荒"困境迈向了出版发行大国，出版社从 1978 年的 105 家增长至 2017 年的 580 余家，相应地，图书品种从 14 987 种增长至 50 余万种。出版业与改革开放同行，在历史的无声变化中壮大、革新和发展。

目前，从竞争主体上来说，全国范围内形成了以综合出版集团公司为主体和分散单一出版社并存的竞争格局；渠道建设上，形成了以国有新华书店为主，民营书店、图书电商、社群渠道并存的多元发行格局；机制体制革新上，从建立党政合一的出版管理机构、继续推进出版单位公司制改革、继续全面深化出版业改革等多个方面加大改革力度，推动出版高质量发展。

党的十九大以来，随着国家对于主题出版重视程度的提高和资助扶持力度的加大，出版机构逐渐转变理念，从"要我做"转变为"我要做"。从党史社、经济社，到综合社、少儿社、文艺社等，参与主体不断扩展；从党政机关的系统征订，到读者的自发购买，越来越多"接地气"的主题出版物成为广大普通读者的案头书。

近年来,我国出版界唱响主旋律、传播正能量,不断提升原创能力、激发创新活力、增强供给效能,推动出版实现高质量发展,展示了时代新成就、体现了时代新风貌。《习近平新时代中国特色社会主义思想学习纲要》《习近平谈治国理政》等一批宣传阐释习近平新时代中国特色社会主义思想的出版物深入人心、远销海外。围绕新中国成立70周年的主题,推出了一系列兼具思想性和可读性的精品力作。从国内到全球,以《习近平谈治国理政》为代表的主题出版图书实现多国版权输出,成为全球读者了解、熟悉中国的必读之书。

⊕《习近平谈治国理政》被翻译为多国语言出版发行(新华社李涛 摄)

文学艺术的发展

改革开放后,文学事业蓬勃发展。可大致分为两个阶段,第一阶段是1978—1992年,国家处于改革开放的初步转型期。先是在20世纪70年代末,创作中产生了"伤痕文学""反思文学""改革文学""寻根文学"相继登台的现象。以卢新华的《伤痕》等为代表的"伤痕文学"不断深入地揭示人们在"文化大革命"中所造成的肉体和心灵的伤痕；以鲁彦周的《天云山传奇》等为代表的"反思文学"反思了"左"的错误；以蒋子龙的《乔厂长上任记》等为代表的"改革文学"则大力塑造改革者的形象，呼吁经济社会的改革；以韩少功的《爸爸爸》等为代表的"寻根文学"则将视角转向民族文化之根的追寻与批判，力图思考民族文化的出路。差不多同时，我们看到以北岛、舒婷等为代表的"朦胧诗"的出现，还看到王蒙的《布礼》《蝴蝶》等系列"意识流"小说、刘索拉的《你别无选择》、残雪的《黄泥街》等系列荒诞小说，明显标志着提倡"自我表现"、侧重人的心灵描写的现代主义之风的到来。一时间，文学艺术领域百花齐放的局面开始形成。

彼时，小说创作中也出现了以莫言、马原为先河，苏童、余华、格非、孙甘露等为中坚的"先锋派"。他们的特点是寻求在小说叙述形式上的突破。莫言的成名作《透明的红萝卜》因为设了透明的"红萝卜"这样的意象，使小说的

⊕莫言部分作品

叙述变得有趣而新鲜。同时期也有苏童的《1934年的逃亡》、余华的《鲜血梅花》、孙甘露的《信使之函》等作品。

不久，文坛还出现了以池莉的《烦恼人生》、刘恒的《伏羲伏羲》，刘震云的《单位》等被评论家冠名为"新写实主义"的小说。其特点是作家保持"感情零度"，客观地描写"生活的原生态"，类似后现代主义所主张的"客观真实主义"。

20世纪80年代，上述作品成为文坛热点的同时，还有许多作家在现实主义发展和题材开拓方面皆有突出贡献。当时荣获茅盾文学奖的长篇小

说如李国文的《冬天里的春天》、周克芹的《许茂和他的女儿们》、张洁的《沉重的翅膀》、刘心武的《钟鼓楼》等都属现实主义。而诗歌界艾青、贺敬之、绿原、牛汉、郑敏等不同年龄和风格的诗人都为新时期的到来写出了新篇章。

第二阶段是进入20世纪90年代到新世纪,随着思想界民族文化守成主义崛起,文坛风气也为之一变。体现这一潮流的小说家有刘醒龙、毕飞宇、李锐、陈忠实、贾平凹、陈世旭、刘庆邦、杨争光、王安忆、迟子建等。

如何讲好中国故事,如何表述丰富的现实经验,如何探寻现代国人的灵魂激荡以及人生命运的壮阔,构成了作家们创作的一个精神主题和叙事前景。在坚定文化自信,弘扬中国精神和扩展叙述能力上,又发生了一些明显的变化,众多小说作品生动地描写了大变革、大转型时代,在实现中华民族伟大复兴进程中广阔多样的生活画面,呈现出多色调、多方位的文学场景。

体育事业的发展

新中国成立70多年来,我国社会面貌发生了翻天覆地的变化。作为中国特色社会主义伟大事业的重要组成部分,中国体育也取得了举世瞩目的辉煌成就。竞技体育、休闲体育也实现了大发展、大繁荣。

我国分别于1990年、2008年在北京圆满举办第11届亚运会和第29届夏季奥运会,2015年7月31日,北京携手张家口获得了2022年冬奥会的举办权,北京也将成为历史上第一个既举办夏季奥运会又举办冬季奥运会的城市。此外,中国还举办了世界羽毛球锦标赛、世界乒乓球锦标赛、世界女排锦标赛、体操世界杯赛和苏迪曼杯比赛等国际性单项赛事。

从1982年新德里举行的第九届亚运会开始,中国已经连续蝉联亚运会金牌榜首位。截至2018年底,我国运动员在奥运会、世界杯、世界锦标赛等各类国际大赛中,共获得世界冠军3 458个,奥运冠军237个,创超世界纪录1 332次。中国已经成为国际体育舞台上具有强大竞争力的重要力量。

2008年8月8日,举世瞩目的北京第29届夏季奥林匹克运动会开幕式在国家体育场(鸟巢)隆重举行。开幕式上,2008名演员共同参与的精彩开场表演震撼人心,使具有2 000多年历史的奥林匹克运动与5 000多年传承不息的中华文化交相辉映,共同谱写了人类文明气势恢宏的新篇章。

中国体育健儿在各类各级别的竞技中,不仅取得了诸多优异成绩,还创造了卓越的体育精神,赢得了世人的尊重与关注。曾经涌现出一大批全国人民耳熟能详的英雄集体,如长盛不衰的中国乒乓球队、"五连冠"的中国女排、勇攀高峰的中国登山队、被誉为"梦之队"的中国跳水队、赢得中日围棋擂台赛的中国围棋队等,优秀运动员更是数不胜数。

◎ 2008年北京奥运会开幕式(新华社徐家军 摄)

女排精神

1979年底,在中国恢复国际奥委会席位仅一个月之后,中国女排就夺得了亚洲排球锦标赛冠军,中国女子排球成为我国"三大球"中第一个冲出亚洲的项目。

1981年,中国女排以亚洲冠军的身份参加了在日本举行的第三届世界杯排球赛。经过了7轮28场激烈地争夺,最终,中国队以7战全胜的成绩首次夺得世界杯赛冠军。教练袁伟民获最佳教练奖,运动员孙晋芳获最佳运动员奖、最佳二传手奖、优秀运动员奖,运动员郎平获优秀运动员奖。随后,在1982年的秘鲁世界排球锦标赛上,中国女排再度夺冠。紧接着,在1984年的第23届奥运会上,中国女排实现了三连冠的梦想。中国女排并未就此止步,在1985年的第四届世界杯和1986年的第十届世界女排锦标赛上,中国女排又连续两次夺冠。于是,从1981年到1986年,中国女排创下了世界排球史上第一个"五连冠"。

中国女排顽强拼搏的作风凝练成"女排精神",不断激励一代又一代的运动员奋力前进。更多的中国人则通过女排精神,真实地体会到一种从未有过的自豪感。"学习女排、振兴中华"成为口号,在全社会掀起了一股学习中国女排顽强拼搏、永不言弃精神的热潮。

⊕ 2019年女排世界杯,中国女排夺冠后合影(新华社贺灿铃 摄)

2019年女排世界杯收官战中,中国队3∶0轻取阿根廷队,豪取11连胜成功卫冕。这一刻,五星红旗在日本升起,义勇军进行曲在大阪奏响,为中国女排点赞,为伟大祖国喝彩!

第三章
共商共建共享

改革开放以来,我国对外开放实现历史性跨越,区域开放布局不断优化,外商投资环境持续改善,对外投资合作深入推进。我国坚持走开放融通、互利共赢之路,推动贸易和投资自由化、便利化,维护多边贸易体制,发展更高层次的开放型经济。推动经济全球化朝着更加开放、包容、普惠、平衡、共赢的方向发展。

向世界伸出合作之手

积极推动与联合国的合作

联合国是当今世界最具普遍性、代表性和权威性的政府间国际组织。它是世界人民反法西斯斗争胜利的产物，是人类为和平与发展长期努力的结果。中国是联合国的创始国之一，是国际社会的重要成员。中国是社会主义国家，是当今世界最大的发展中国家，是国际政治格局中的一支重要力量。中国作为联合国的创始国和安理会常任理事国之一，一贯遵循《联合国宪章》的宗旨和原则，支持按《联合国宪章》精神所进行的各项工作，积极参加联合国及专门机构组织和举办的有利于世界和平和发展的活动。

中国坚持以多边主义实现共同安全。通过与联合国广大会员国特别是安理会成员国的共同努力，中国积极推动多边地区冲突走向政治解决。中国对联合国维和行动的参与水平不断提高。在国际军控、裁军与防扩散领域，中国努力维护现有多边条约的权威性和有效性，支持发挥联合国在防扩散领域的核心作用。

⊕ **中国维和部队**（新华社彭希 摄）

中国坚持以互利合作实现共同繁荣。中国连续担任联合国经济与社会理事会理事国，积极参与经济与社会系统的重要国际会议和其他活动，并承办了联合国第四次世界妇女大会。

中国积极推动南北对话和

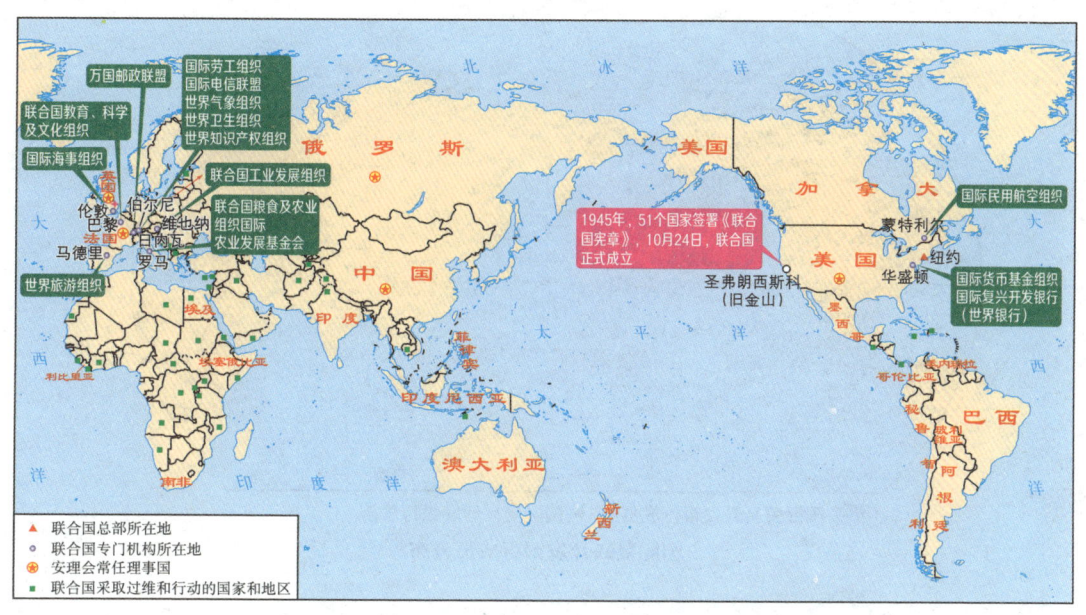

⊕ 联合国主要常任理事国、专门机构所在地及参与的联合国维和行动地点

南南合作，敦促发达国家为实现全球普遍、协调、均衡发展承担更多责任。中国加入多项国际人权公约并认真履行公约义务，与联合国人权事务高级专员保持良好合作，与多国展开对话。

世界金融体系中的中国

世界银行（WB）是世界银行集团的简称，国际复兴开发银行的通称，它是联合国经营国际金融业务的专门机构，同时也是联合国的一个下属机构。其宗旨是向成员国提供贷款和投资，推进国际贸易均衡发展。

⊕ 世界银行总部及标志

中国是世界银行的创始国之一。1980年5月，中国在世界银行和所属国际开发协会及国际金融公司的合法席位得到恢复。1980年9月，该行

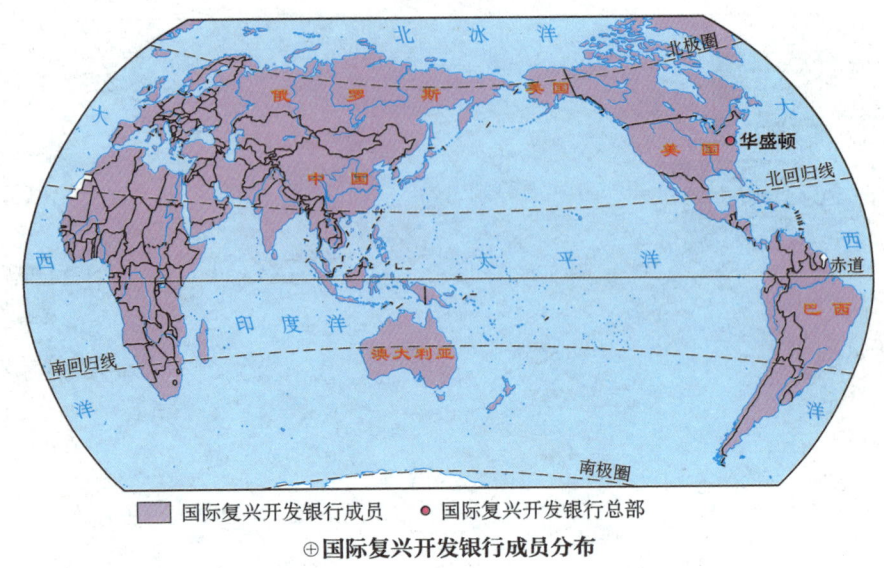

◎ 国际复兴开发银行成员分布

理事会通过投票，同意将中国在该行的股份从原 7 500 股增加到 12 000 股。中国在世界银行有投票权。在世界银行的执行董事会中，中国单独派有一名董事。中国从 1981 年起开始向该行借款。此后，中国与世界银行的合作逐步展开、扩大。

2004 年 5 月，世界银行主办、中国协办的上海全球扶贫大会是双方开展国际发展合作的典范。大会推动了国际社会对全球扶贫理念和实践的再认识，并推动了国际社会为减贫而行动的共识。2007 年 12 月，中国首次宣布向世界银行软贷款窗口（即国际开发协会）捐款 3 000 万美元，这标志着双方合作迈上新的台阶。2008 年 5 月，林毅夫被正式任命为世界银行首席经济学家，这是世界银行自 1945 年成立以来第一次任命来自发展中国家的人士担任首席经济学家，也充分说明了世界银行对中国发展成就和经验的认可。

国际货币基金组织（IMF）与世界银行同时成立，并列为世界两大金融机构。国际货币基金组织的主要职责是监察货币汇率和各国贸易情况，提供技术和资金协助，确保全球金融制度运作正常，其总部设在华盛顿。

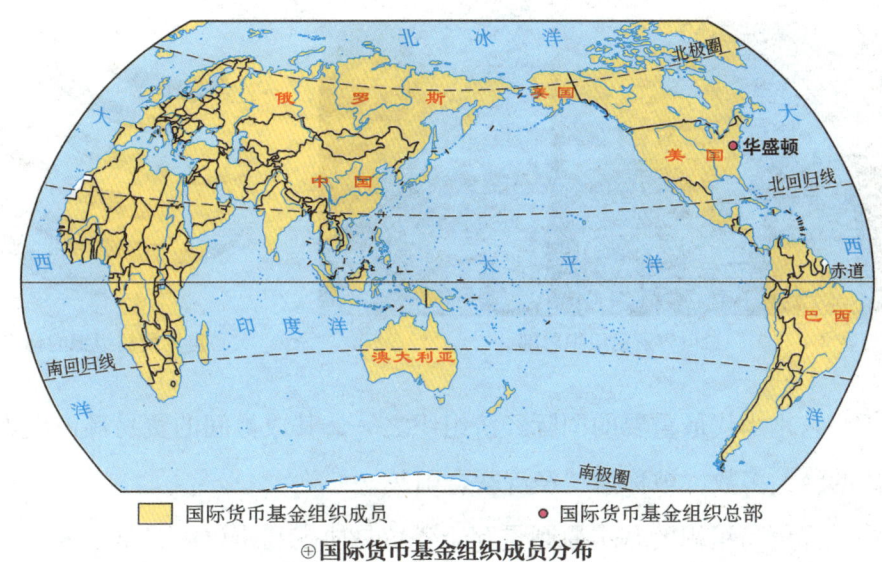

⊕ 国际货币基金组织成员分布

1980 年，国际货币基金组织正式恢复中国的代表权。2015 年 10 月，中国首次向国际货币基金组织申报外汇储备，这是中国向外界披露一项重要经济数据的里程碑式事件。2015 年 11 月 30 日，国际货币基金组织执行董事会批准人民币加入特别提款权（SDR）货币篮子。

2016 年 9 月 30 日，身着红色唐装的国际货币基金组织总裁拉加德宣布，人民币正式成为国际货币基金组织特别提款权货币篮子的第五种组成货币，并称这是中国经济融入世界货币和金融体系的重要一步。2016 年 10 月 1 日，新的货币篮子正式生效，人民币与美元、欧元、英镑和日元一起，跻身全球最重要储备货币之列。人民币加入特别提款权货币篮子的重要性不亚于当年中国加入世界贸易组织，这意味着中国真正融入全球金融体系。

中国与世界贸易组织

世界贸易组织是多边贸易体制的法律和组织基础，是众多贸易协定的管理者，是各成员贸易法的监督者，是就贸易问题进行谈判和解决争端的

⊕世界贸易组织总部

⊕世界贸易组织的标志

场所。它是当代最重要的国际经济组织之一，其成员间的贸易额占世界贸易额的绝大多数，被称为"经济联合国"。

世界贸易组织的基本原则贯穿于各贸易协定和协议中，是各成员处理贸易关系必须遵循的基本行为准则，构成了多边贸易的基础。世界贸易组织的主要职能包括：组织实施所管辖的各项贸易协定、协议，为成员提供处理各协定、协议有关事务的谈判场所，解决各成员间的贸易争端，定期评估各成员的贸易政策法规，协调与国际货币基金组织和世界银行等国际组织的关系，向发展中国家和最不发达国家提供援助及培训。

中国成功入世。2001年12月11日，这是一个改变中国、改变世界的历史节点。由于种种原因，中国在世界贸易组织的席位长期空缺。经过长达15年的艰苦谈判之后，中国这个世界上最大的发展中国家，终于成为世界贸易组织正式成员。时任该组织总干事麦克·穆尔极富远见地表示，这一天是"21世纪最重要的时刻"。加入世界贸易组织19年来，中国一直抓住经济全球化机遇，实现对外贸易跨越式发展，现已成为全球第二大经济体、世界第一大贸易国、世界第一大吸引外资国和世界第二大对外投资国。中国的发展不是孤立的发展，中国的发展同样给全球经济提供了巨大的动力源泉。在全球主要经济体中，中国是美国和日本的第一大贸易伙伴、欧盟的第二大贸易伙伴。

中国加入世界贸易组织以来，积极参与全球治理，始终坚定支持多边贸易体制，全面参与世界贸易组织各项工作，推动世界贸易组织更加重视发展中国家成员，反对单边主义和保护主义，维护多边贸易体制的权威性和有效性，与各成员共同推动世界贸易组织在经济全球化进程中发挥更大作用。

消除贫困是人类社会的共同使命。我国呼吁中国与世界贸易组织成员同舟共济，推动实现联合国《2030可持续发展议程》，优先关注最不发达国家和极端贫困人口。支持最不发达国家加入世界贸易组织，是推动构建人类命运共同体的重要举措，也是支持多边贸易体制的实际行动。多边贸易体制为最不发达国家增强发展能力、融入全球价值链、实现可持续发展提供了制度保障。

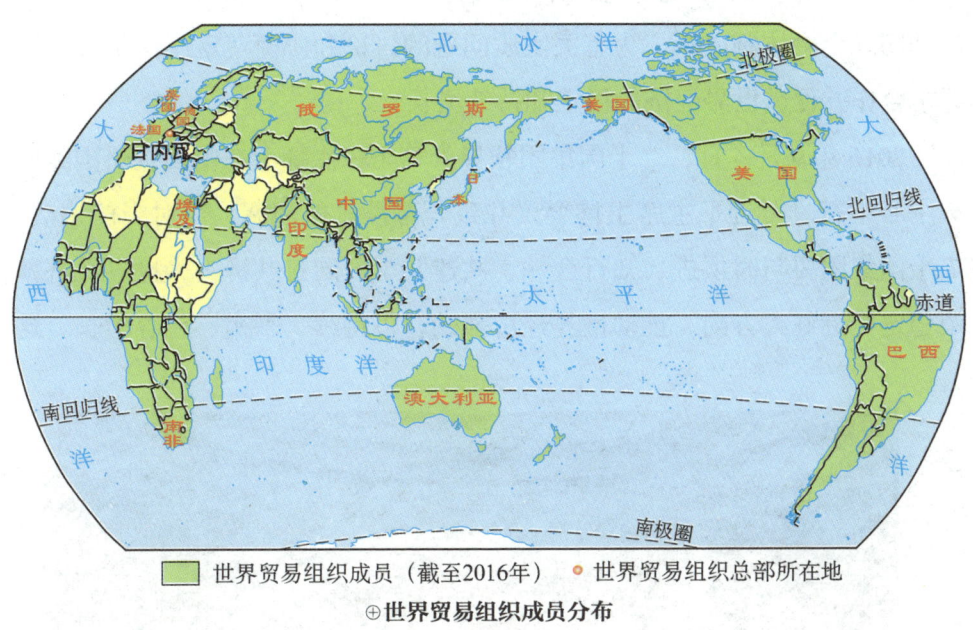

世界贸易组织成员分布

2011年中国设立"最不发达国家加入世贸组织中国项目"，目前已推动6个最不发达国家加入世界贸易组织。截至2018年3月，已对36个建交且已完成换文手续的最不发达国家的97%税目产品实施零关税。我国积极响应世界贸易组织"促贸援助"倡议，利用多、双边援助资源帮助其他发展中成员特别是最不发达国家成员加强基础设施建设、培训经贸人员、提高生产能力、发展贸易投资。中国向世界贸易组织"贸易便利化协定基金"捐款100万美元，协助落实《贸易便利化协定》。2017年起，中国在南南合作援助基金项目下与世界贸易组织等国际组织加强合作，在"促贸援助"领域实施合作项目，帮助其他发展中成员提高从全球价值链中获益的能力。

积极参加重要的国际论坛和会议

二十国集团是一个国际经济合作论坛，最早于1999年9月25日由原八国集团（G8）的财长在华盛顿宣布成立，属于对话机制的论坛。其旨在推动国际金融体制改革，为有关实质问题的讨论和协商奠定广泛基础，以寻求合作并促进世界经济的稳定和持续增长。

2016年9月4日，二十国集团领导人第十一次峰会在中国杭州国际博览中心举行。习近平主席主持会议并致开幕辞，他强调，面对当前挑战，二十国集团要与时俱进、知行合一、共建共享、同舟共济，为世界经济繁荣稳定把握好大方向，推动世界经济强劲、可持续、平衡、包容增长。这

⊕二十国集团领导人杭州峰会宴会大厅

是中国首次作为二十国集团主席国举办首脑峰会,这次会议不仅向世界讲好了中国故事、树好了中国形象,更为全球治理传递了中国方案、贡献了中国智慧。

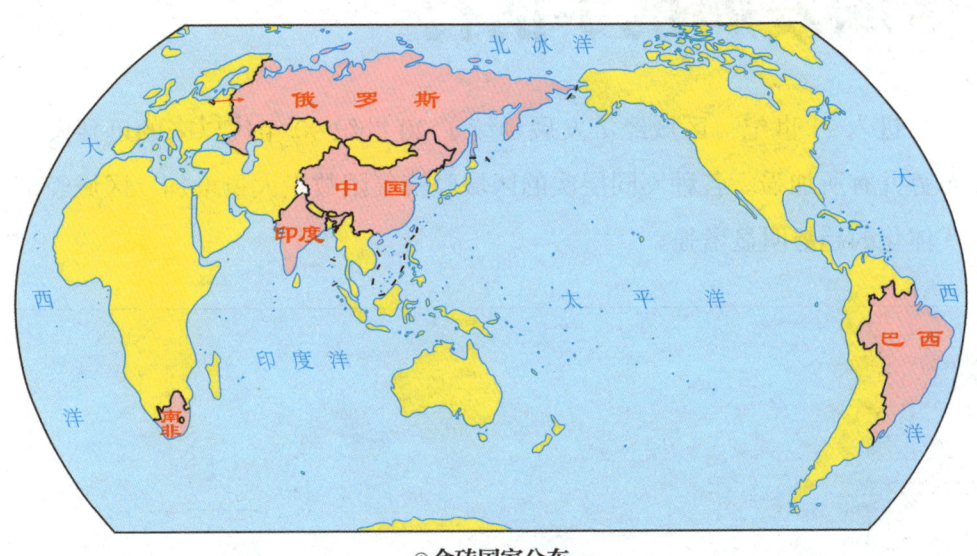

⊕ 金砖国家分布

金砖国家最初指中国、俄罗斯、印度、巴西以及南非五个成长前景被看好的新兴市场国家。经俄罗斯倡议,四国(不含南非)于2006年9月联合国大会期间举行了首次金砖国家外长会晤,此后每年依例举行。2017年9月3日至5日,金砖国家领导人第九次会晤在厦门举行。习近平主席在峰会上发表题为《深化金砖伙伴关系 开辟更加光明未来》的重要讲话,为未来十年金砖国家合作勾画蓝图,受到与会各方的高度赞扬与认可。从深化经济务实合作到加强发展战略对接,从全球治理上的密切协作到增进人文交流,习近平主席提出的一系列中国倡议为金砖国家的发展注入了强劲动力,为金砖国家之间的合作行稳致远贡献出中国智慧。从宣布设立金砖国家经济技术合作交流计划到向新开发银行项目准备基金出资,再到举办文化节,习近平主席提出的一系列中国方案彰显了中国担当,有利于推动金砖国家合作,形成经济、政治、人文并驾齐驱的"三轮驱动"新格局。

区域发展携手前行

进入 21 世纪，区域经济发展延续了 20 世纪 90 年代以来的迅猛发展态势并有所加强。各种不同层次的区域经济集团数量大量增加，区域经济一体化的趋势明显增强。

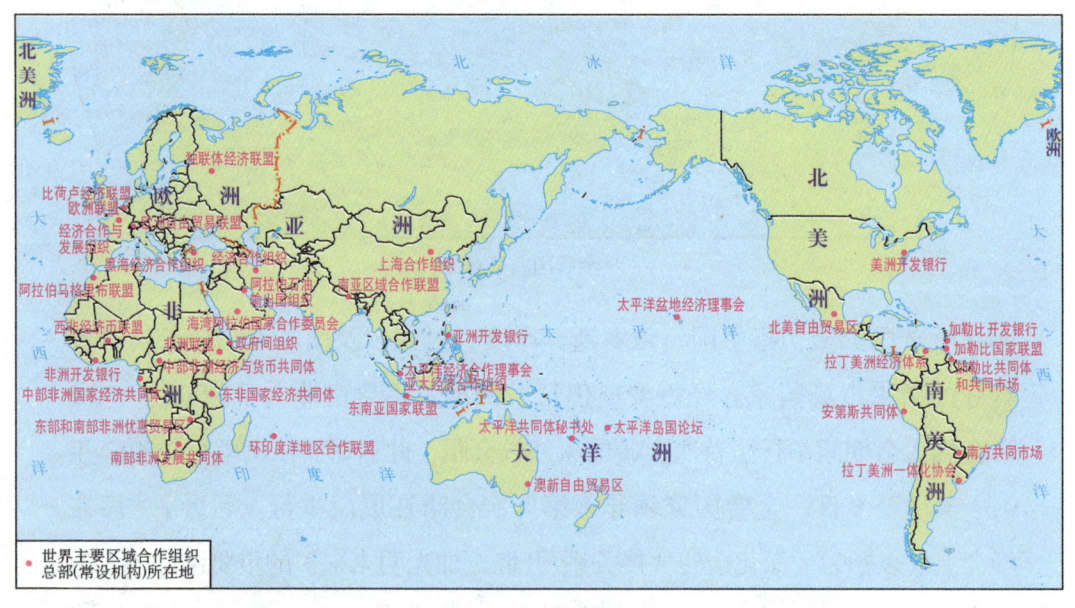

⊕ 世界主要区域合作组织分布

亚太经济合作组织

亚太经济合作组织，简称亚太经合组织，是当今世界最大的区域性经济合作组织，是促进亚太国家和地区经济合作、推动共同发展的主要机构。

亚太经合组织成立于 1989 年，现有 21 个成员，涉及总人口达 25 亿

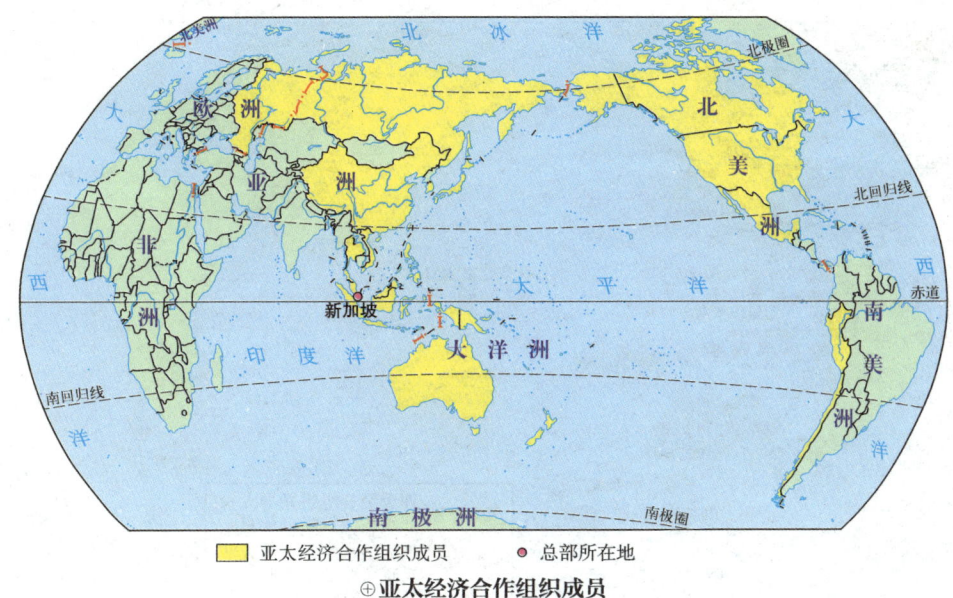

□ 亚太经济合作组织成员　● 总部所在地
⊕ 亚太经济合作组织成员

人，占世界人口的 45%，其成员国国内生产总值之和超过 19 万亿美元，约占世界的 55%，亚太经合组织在全球经济活动中具有举足轻重的地位。

该组织的宗旨是通过推动自由开放的贸易投资，深化区域经济一体化，加强经济合作，改善商业环境，以建立一个充满活力、和谐共赢的亚太大家庭。亚太经合组织通过独特方式推进成员间的合作。所谓亚太经合组织方式，就是承认多样性，强调灵活性、渐进性和开放性，遵循相互尊重、平等互利、协商一致、自主自愿的原则，单边行动与集体行动相结合。

亚太经合组织的主要机构包括领导人非正式会议、部长级会议、高官会议、委员会和秘书处。领导人非正式会议是亚太经合组织最高级别的会议。会议形成的领导人宣言是指导亚太经合组织各项工作的重要纲领性文件。

自成立以来，亚太经合组织在推动区域和全球范围的贸易投资自由化和便利化、开展经济技术合作方面不断取得进展，为加强区域经济合作、促进亚太地区经济发展和共同繁荣起到了积极作用。亚太经合组织是亚太地区级别最高、影响最大的区域性经济合作组织之一。中国在亚太地区举

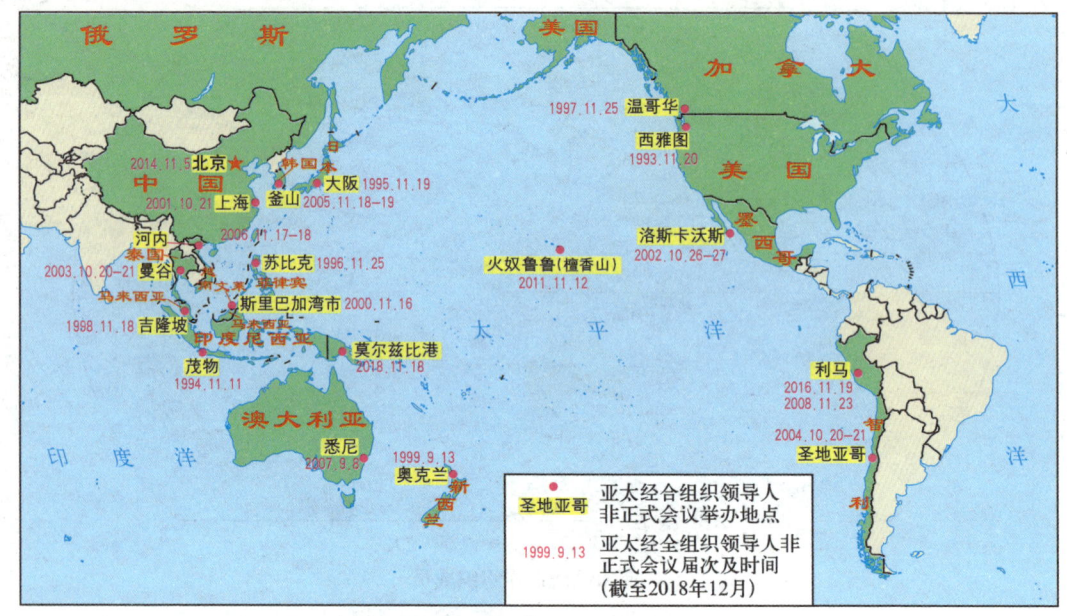

⊕ 部分亚太经合组织领导人非正式会议示意

足轻重,是亚太经合组织的主要成员。自 1991 年加入亚太经合组织以来,中国参加了历届部长级会议和历次领导人非正式会议,积极参与了各层次、各领域合作,为促进亚太经济合作组织的发展作出了积极贡献。

上海合作组织

上海合作组织简称上合组织,是第一个在中国境内宣布成立,第一个以中国城市命名的国际组织。2001 年 6 月 15 日,中国、俄罗斯、哈萨克斯坦、吉尔吉斯斯坦、塔吉克斯坦、乌兹别克斯坦六国元首在上海宣布成立上海合作组织。2017 年,上海合作组织阿斯塔纳(今努尔苏丹)峰会签署了关于给予印度和巴基斯坦成员国地位的决议,上海合作组织成员国由 6 个增至 8 个。目前,上海合作组织有阿富汗、白俄罗斯、伊朗、蒙古 4 个观察员国,阿塞拜疆、亚美尼亚、柬埔寨、尼泊尔、土耳其、斯里兰卡 6 个对话伙伴。

上海合作组织的宗旨是：加强成员国之间的互相信任与睦邻友好；鼓励成员国在政治、经济、科技、文化、教育、能源、交通、环保和其他领域的有效合作；联合致力于维护和保障地区的和平、安全与稳定；建立民主、公正、合理的国际政治经济新秩序。上海合作组织每年举行一次成员国国家元首正式会谈，定期举行政府首脑会谈，轮流在成员国举行。为扩大和加强各领域合作，除了已形成的相应部门领导人会谈机制外，可视情况组建新的会谈机制，并建立常设和临时专家工作组研究进一步开展合作的方案和建议。

⊕ 上海合作组织标识

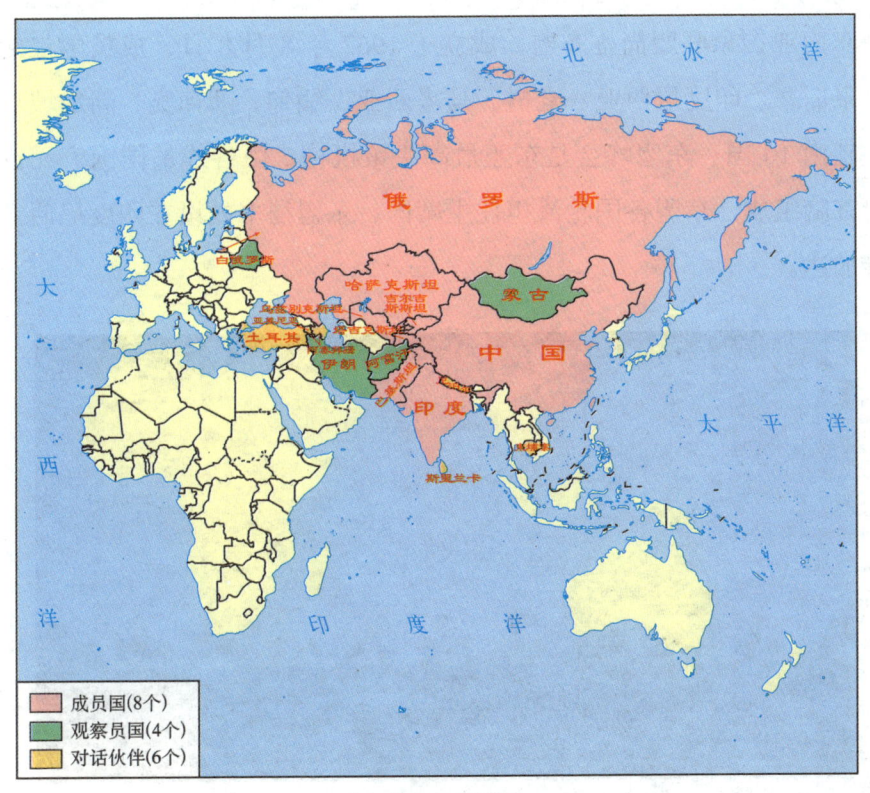
⊕ 上海合作组织

上海合作组织成员国的经济和人口总量分别约占全球的20%和40%。上海合作组织同联合国等国际和地区组织建立了广泛的合作关系，国际影响力不断提升，已经成为促进世界和平与发展、维护国际公平正义不可忽视的重要力量。

中国是上海合作组织创始成员国，始终高度重视并全面参与上海合作组织框架内的各项活动，积极开展同其他成员国、观察员国和对话伙伴的互利合作。我国每年均出席上海合作组织有关会议，先后就安全、务实、人文等领域提出一系列合作倡议，得到各方积极响应与支持，为维护本地区和平、安全与稳定，促进地区国家共同发展与繁荣作出了重要贡献。

中国与东盟

东南亚国家联盟简称东盟，成立于1967年8月8日，成员国包括文莱、柬埔寨、印度尼西亚、老挝、马来西亚、缅甸、菲律宾、新加坡、泰国、越南10国。东盟峰会是东盟最高决策机构，由各成员国国家元首或政府首脑组成，东盟各国轮流担任主席国。东盟秘书处设在印度尼西亚首都雅加达。

⊕ "两盟一会"成立仪式（新华社程群 摄）

东盟积极开展多方位外交。东盟国家每年与对话伙伴（包括中国、日本、韩国、印度、澳大利亚、新西兰、美国、俄罗斯、加拿大、欧盟、联合国）举行对话会议。东盟先后倡导成立东盟地区论坛，主要就亚太地区政治和安全问题交换意见；倡议召开亚欧会议，促进东亚和欧盟的政治对话与经济合作；东盟与中、日、韩等国共同启动了东亚合作机制；倡议并成立东亚—拉美合作论坛等。

中国与东盟自 1991 年开启对话进程。经过 20 多年共同努力，双方政治互信明显增强，各领域务实合作成果丰硕。双方都认为中国—东盟关系已成为东盟同对话伙伴关系中最富内涵、最具活力的一组关系，发展前景广阔。

中国于 2003 年作为东盟对话伙伴率先加入《东南亚友好合作条约》，与东盟建立了面向和平与繁荣的战略伙伴关系。双方建立了较为完善的对话合作机制，主要包括领导人会议、部长级会议、高官会议等。2010 年 1 月，中国—东盟自贸区全面建成。2018 年 11 月，中国—东盟自贸区升级议定书全面生效。目前中国是东盟第一大贸易伙伴，东盟是中国第二大贸易伙伴。中国—东盟博览会暨商务与投资峰会自 2004 年起每年在广西

⊕ 中国—东盟博览会

南宁举行，已成功举办16届，成为中国与东盟国家经济往来的重要平台。双方设立了中国—东盟合作基金和中国—东盟海上合作基金，用于支持具体领域合作项目。东盟10国均已成为中国公民出国旅游目的地，双方互为主要旅游客源对象。在国际地区事务上，双方协调与配合进一步加强。中国坚定支持东盟在东亚合作中的中心地位，双方在东盟与中日韩合作、东亚峰会、东盟地区论坛、亚洲合作对话、亚太经合组织等合作机制下保持良好的沟通与合作。

中国与欧盟

1952年7月，法国、联邦德国、意大利、荷兰、比利时和卢森堡正式成立欧洲煤钢共同体。1958年1月，6国成立了欧洲经济共同体和欧洲原子能共同体。1967年7月，3个共同体的主要机构合并，统称欧洲共同体。1993年11月，《欧洲联盟条约》（又称《马斯特里赫特条约》）生效，欧洲共同体演化为欧洲联盟，简称欧盟（EU）。2002年1月欧元顺利进入流通。2009年《里斯本条约》生效后，欧盟具备了国际法主体资格，并正式取代和继承欧共体。《里斯本条约》首次就成员国退出欧盟相关程序作出规定。欧盟共经历了7次扩大：1973年，英国、爱尔兰和丹麦加入；1981年，希腊加入；1986年，西班牙和葡萄牙加入；1995年，奥地利、芬兰和瑞典加入；2004年5月1日，波兰、匈牙利、捷克、斯洛伐克、爱沙尼亚、拉脱维亚、立陶宛、斯洛文尼亚、塞浦路斯和马耳他10国入盟。2007年1月1日，罗马尼亚、保加利亚加入欧盟。克罗地亚于2013年7月1日正式成为欧盟第28个成员国。英国于2016年6月通过全民公投决定退出欧盟。

半个多世纪以来，欧洲一体化建设在曲折中不断取得积极进展。欧盟先后建立了关税同盟，实行了共同贸易政策、农业和渔业政策，统一了内

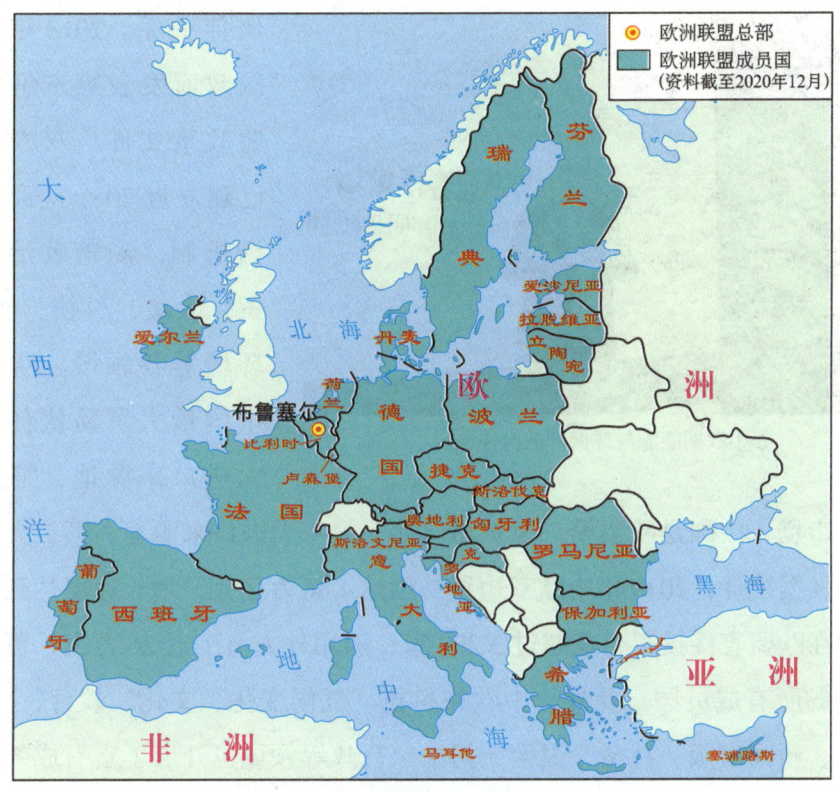

⊕ 欧洲联盟成员国

部大市场，基本实现了商品、人员、资本和服务的自由流通。建立了经济与货币联盟，在欧元区内统一了货币。一体化建设逐步向外交、安全、司法、内务等领域拓展，并不断取得进展。欧债危机爆发后，欧盟进一步推动相关改革，包括积极推动银行联盟、资本市场联盟、能源联盟和单一数字市场建设，加强安全防务等领域合作。目前，欧盟是世界上地区一体化程度最高的集团。

1998年，中国与欧盟建立面向21世纪的长期稳定的建设性伙伴关系。2001年，双方建立全面伙伴关系。2003年，中欧建立全面战略伙伴关系。同年，中国发表首份对欧盟政策文件。2013年，双方发表《中欧合作2020战略规划》。2014年，中欧提出打造和平、增长、改革、文明四大

⊕ 中欧新能源与环保产业合作论坛

伙伴关系。2018年，中国政府发表第三份对欧盟政策文件。双方迄今已建立近70个磋商和对话机制，涵盖政治、经贸、人文、科技、能源、环境等各领域。欧盟是中国最大贸易伙伴、最大进口来源地、第二大出口市场。中国是欧盟第二大贸易伙伴、第一大进口来源地、第二大出口市场。据统计，2019年中欧双边贸易额达4.86万亿元，增长速度达到8%。中国在欧盟直接投资企业超过3 200家，雇用外方员工近26万人，覆盖了欧盟的所有成员国。此外，中欧在科技、气候变化、文化、教育、环保、水利、新闻出版、社会、卫生、司法、行政等领域也开展了富有成效的对话与合作。

⊕ 第十二届中国—欧盟投资贸易科技合作洽谈会

中非合作论坛

为进一步加强中国与非洲国家在新形势下的友好合作，共同应对经济全球化挑战，谋求共同发展，在中非双方共同倡议下，中非合作论坛——北京2000年部长级会议于2000年10月10—12日在北京召开，中非合作论坛正式成立。该论坛的宗旨是平等磋商、增进了解、扩大共识、加强友谊、促进合作。主要包括中国及与中国建交的53个非洲国家以及非洲联盟委员会。

中非合作论坛机制建立在三个级别上：部长级会议、高官级后续会议及为部长级会议作准备的高官预备会、非洲驻华使节与中方后续行动委员会秘书处会议。前两级会议轮流在中国和非洲国家举行。随着中非合作不断拓展和深化，中非民间论坛、中非青年领导人论坛、中非部长级卫生合作发展研讨会、中非媒体合作论坛、中非减贫与发展会议等中非合作论坛分论坛陆续成立。

2018年9月3—4日，中非合作论坛北京峰会隆重举行，习近平主席同论坛共同主席国南非总统拉马福萨共同主持峰会。中非合作论坛54个成员代表与会，此外，联合国秘书长以及26个国际和非洲地区组织代表应邀出席。该峰会以"合作共赢，携手构建更加紧密的中非命运共同体"为主题。中非双方一致决定携手构建责任共担、合作共赢、幸福共享、文化共兴、安全共筑、和谐共生的中非命运共同体，推进中非共建"一带一路"合作，将"一带一路"建设同非洲"2063年议程"、联合国2030年可持续发展议程、非洲各国发展战略紧密对接，重点实施"八大行动"，全面加强中非各领域务实合作。该峰会重申坚持多边主义、抵制单边行径。该峰会通过了《关于构建更加紧密的中非命运共同体的北京宣言》和《中非合作论坛—北京行动计划（2019—2021年）》两个重要成果文件。

APEC会议在中国

2001年,中国首次作为东道国在上海主办了第13届亚太经合组织部长级会议和第9次APEC领导人非正式会议。中国不是亚太经合组织的创始国,但亚太经合组织第一届部长级会议就讨论了吸纳中国的问题。1991年,中国以主权国家的身份,中国台湾、中国香港以"地区经济体"身份,同时加入亚太经合组织。亚太经合组织成员进一步扩大,整体经济力量明显提升。

承办2001年APEC会议是我国在新世纪伊始的一次重大外交活动,它给我国在新世纪巩固和发展与APEC各成员的关系,加深与它们的经贸往来与合作提供了难得的历史机遇,承办此次会议有力地推动了我国的改革开放和经济建设向前发展,并使之成为我国向全世界展示改革开放、经济建设巨大成就的一个重要窗口。APEC上海会议为新世纪发展确定了新的框架,取得圆满成功,为亚太经合组织的发展注入了新的活力。

时隔13年,2014年APEC会议在中国北京召开,此次峰会的主题是:共建面向未来的亚太伙伴关系。在这个主题下有三个重要的议题:推动区域经济一体化,促进经济创新发展、改革与增长,加强全方位互联互通和基础设施建设。其中领导人峰会于11月10日至11日在北京怀柔雁栖湖举行,峰会围绕推动区域经济一体化这一主线,重点在推进亚太自贸区建设,支持多边贸易体制和反对贸易保护主义,促进全球价值链和供应链连接、合作,推动投资自由化和便利化等方面展开。2014年的APEC会议在经贸领域取得了富有意义、面向未来、惠及亚太的成果,为推进面向未来的亚太伙伴关系建设,为促进亚太地区共同繁荣发展作出了新的贡献。

促进"一带一路"国际合作

世界正处于百年未有之大变局,国际合作的前景、全球性挑战的出路、人类社会的未来,引起越来越多有识之士的思考。我们主张,要树立人类命运共同体意识,建设好、呵护好人类共有的地球家园。对人类的未来,各国都承担着一份责任。我们提出"一带一路"合作倡议,就是为了与各国实现互利共赢。

"一带一路"倡议的提出和践行

2013年9月7日,习近平主席在哈萨克斯坦纳扎尔巴耶夫大学作题为"弘扬人民友谊,共创美好未来"的演讲,提出共同建设"丝绸之路经济带"。2013年10月3日,习近平主席在印度尼西亚发表题为"携手建设中国—东盟命运共同体"的演讲,提出共同建设"21世纪海上丝绸之路"。建设"丝绸之路经济带"和"21世纪海上丝绸之路"简称"一带一路"倡议。

民心相通	实现民心相通是"一带一路"建设的群众基础
政策沟通	加强政策沟通是"一带一路"建设的重要保障
设施联通	基础设施互联互通是"一带一路"建设的优先领域
资金融通	资金融通是"一带一路"建设的重要支撑
贸易畅通	投资贸易合作是"一带一路"建设的重要内容

⊕ "一带一路"五通建设

2015 年 3 月 28 日，我国发布了《推动共建丝绸之路经济带和 21 世纪海上丝绸之路的愿景与行动》。2015 年，中国企业对"一带一路"相关的 49 个国家进行了直接投资，投资额合计 148.2 亿美元，投资额同比增长 18.2%。2015 年，我国承接"一带一路"相关国家服务外包合同金额 178.3 亿美元，执行金额 121.5 亿美元，同比分别增长 42.6% 和 23.45%。

2016 年 6 月底，中欧班列累计开行 1 881 列，其中回程 502 列，实现进出口贸易总额 170 亿美元。2016 年 6 月起，中欧班列穿上了统一的"制服"，深蓝色的集装箱格外醒目，品牌标志以红、黑为主色调，以奔驰的列车和飘扬的丝绸为造型，成为丝绸之路经济带蓬勃发展的最好代言与象征。

2017 年 1 月，我国签署了《中华人民共和国和世界卫生组织关于"一带一路"卫生领域合作备忘录》。据统计，中国与外国政府、地区和组织签署了 80 多个中医药合作协议，在"一带一路"相关国家和地区建立了数十家中医药海外中心，在 30 多个国家和地区开办了数百所中医药院校。

实现贸易畅通，加强贸易合作是"一带一路"建设中的重点内容，也是促进"一带一路"沿线各国共同发展与共同繁荣的重要方式之一。自"一带一路"倡议提出以来，中国在与沿线各国贸易合作方面取得不少积极的进展，主要表现为贸易合作逐渐加强，贸易结构进一步优化以及贸易便利化水平不断提升。"一带一路"沿线国家涵盖了东南亚、南亚、东亚、中亚、西亚、北非、中欧、东欧等地区，其地域面积约占全球 1/3 以上，人口总量占全球六成以上。

截至 2018 年 4 月底，我国和 61 个共建"一带一路"国家共建立了 1 023 对友好城市，占我国对外友好城市总数的 40.18%。截至 2018 年 5 月，中国和共建"一带一路"国家联合开展的科研项目，合作涉及农业、能源、交通、生态环境、海洋等多个领域。

2019年，我国企业在"一带一路"沿线对56个国家非金融类直接投资150多亿美元，主要投向新加坡、越南、老挝、印尼、巴基斯坦、泰国、马来西亚、阿联酋、柬埔寨和哈萨克斯坦等国家。

⊕ 2015—2019年中国对"一带一路"沿线国家的非金融类投资变化情况

2019年，在对外承包工程方面，我国企业在"一带一路"沿线的62个国家新签对外承包工程项目合同6 000多份，新签合同额超1 500亿美元，约占同期我国对外承包工程新签合同额的60%。目前，我国也积极开展与"一带一路"沿线港口的投资合作。根据中国港口协会数据，目前中国大致参与了全球34个国家的建设经营，海运服务覆盖沿线所有沿海国家。

共建"一带一路"倡议目的是聚焦互联互通，深化务实合作，携手应对人类面临的各种风险挑战，实现互利共赢、共同发展。从亚欧大陆到非洲、美洲、大洋洲，共建"一带一路"为世界经济增长开辟了新空间，为国际贸易和投资搭建了新平台，为完善全球经济治理拓展了新实践，为增进各国民生福祉作出了新贡献。"一带一路"成为共同的机遇之路、繁荣之路。

中国举办首届"一带一路"国际合作高峰论坛

习近平主席提出的"一带一路"合作倡议，是着眼于人类和平发展的共同梦想，是推动地区和全球共同合作繁荣，充满东方智慧的一个中国方案。如何践行这个方案，中国很快作出了实质性回应。

2017年5月14日至15日，中国举办了首届"一带一路"国际合作高峰论坛，来自29个国家的国家元首、政府首脑，以及130多个国家和70多个国际组织的1 500多名代表汇聚北京，共商推进"一带一路"建设的合作大计，形成了共5大类、76大项、270多项的成果清单；峰会决定"一带一路"国际合作高峰论坛将定期举办，并成立论坛咨询委员会、论坛联络办公室；峰会发表的联合公报进一步明确了"一带一路"合作的目标，确立了合作的原则，规划了合作的举措。

习近平主席指出，中方主办这次高峰论坛，目的就是共商合作大计，共建合作平台，共享合作成果，让"一带一路"建设更好造福各国人民。希望

⊕ 北京雁栖湖国际会议中心

通过圆桌峰会，进一步凝聚共识，为"一带一路"建设的国际合作指明方向，勾画蓝图。

这次论坛是我国首次以"一带一路"建设为主题举办的最高规格的国际论坛，也是中国继G20杭州峰会之后，再次就共同构建人类命运共同体作出的努力和贡献。首届"一带一路"高峰论坛的举办，对于解决当前世界和区域经济面临的问题，推动更有活力、更加包容、更可持续的经济全球化进程，促进开放型世界经济的联动式发展，具有重大的现实意义和深远的历史意义。

亚洲基础设施投资银行

2013年10月，习近平主席在雅加达同印度尼西亚总统苏西洛举行会谈。习近平主席倡议筹建亚洲基础设施投资银行，促进包括东盟国家在内的本地区互联互通建设和经济一体化进程，向本地区发展中国家的基础设施建设提供资金支持。拟成立的亚洲基础设施投资银行将同现有的多边开发银行合作，相互补充，共同促进亚洲经济持续稳定发展。亚洲基础设施投资银行的基本宗旨是通过支持亚洲国家基础设施和其他生产性领域的投资，促进亚洲地区经济发展和区域经济合作。

⊕亚洲基础设施投资银行开业仪式（新华社兰红光 摄）

2014年10月，包括中国、印度、新加坡等在内21个首批意向创始成员国的财长和授权代表在北京正式签署《筹建亚投行备忘录》，共同决定成立亚洲基础设施投资银行，标志着这一中国倡议设立的亚洲区域新多边开发机构的筹建工作进入新阶段。根据《筹建亚投行备忘录》，亚洲基础设施投资银行的法定资本为1 000亿美元，中国初始认缴资本目标为500亿美元左右，出资占50%，为最大股东。各意向创始成员同意将以

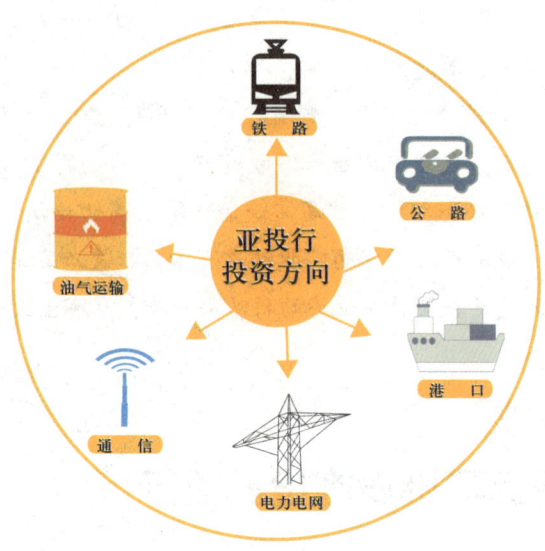

⊕ 亚洲基础设施投资银行主要投资方向

国内生产总值衡量的经济权重作为各国股份分配的基础。2015年试运营的一期实缴资本金为初始认缴目标的10%，即50亿美元，其中中国

⊕ 亚洲基础设施投资银行总部

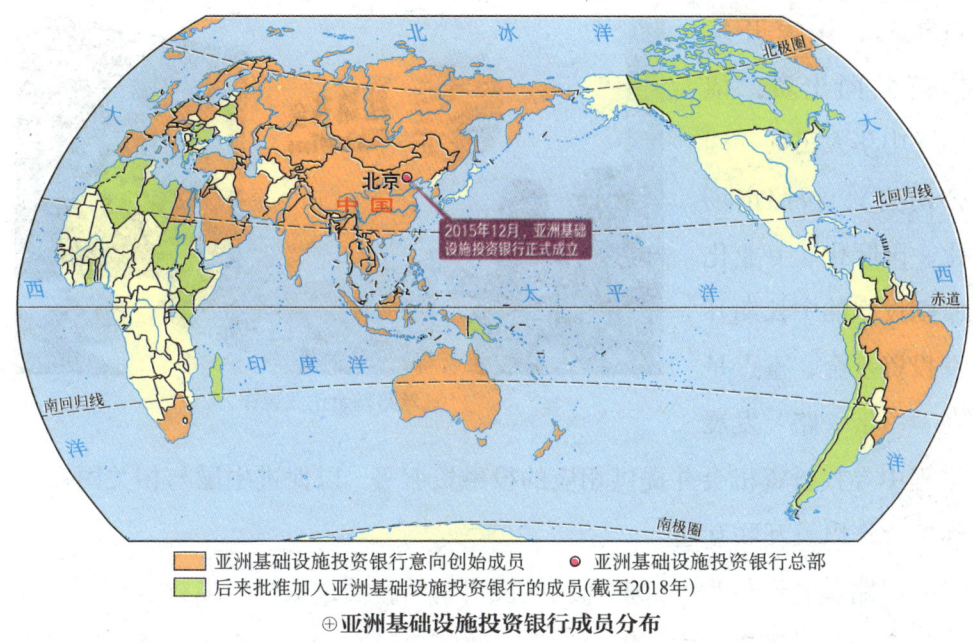

⊕ 亚洲基础设施投资银行成员分布

出资 25 亿美元。亚洲基础设施投资银行是首个由中国倡议设立的多边金融机构。作为亚洲基础设施投资银行最大股东，中国出资最多，投票权也最大。

亚洲基础设施投资银行总部位于奥林匹克公园中心区，总建筑面积约 39 万平方米，于 2019 年 7 月完工。自 2016 年 1 月启动至 2019 年，亚洲基础设施投资银行共有 100 个签署国，贷款总额达到 85 亿美元。

丝路基金

2014 年 11 月，中央财经领导小组第八次会议研究丝绸之路经济带和 21 世纪海上丝绸之路（即"一带一路"）规划，发起建立亚洲基础设施投资银行和设立丝路基金。这是"丝路基金"首次出现在公众视野。

2014 年 12 月，丝路基金有限责任公司在北京注册成立，并正式开始运行。丝路基金是由国家外汇管理局、中国投资有限责任公司、中国进出口银行、国家开发银行共同出资，依照《中华人民共和国公司法》，按照市场化、国际化、专业化原则设立的中长期开发投资基金，重点是在"一带一路"发展

⊕ 丝路基金正式运作

进程中寻找投资机会并提供相应的投融资服务，以促进中国与相关国家的经贸合作以及互联互通。

丝路基金定位为中长期开发性投资基金，通过股权、债权、贷款、基金等多元化投融资方式，为"一带一路"建设和双边、多边互联互通提供投融资支持，运作中将遵循对接、效率、合作、开放四项原则。丝路基金同其他全球和区域多边开发银行的关系是相互补充而不是相互替代的，将在现行国际经济金融秩序下运行。

丝路基金自成立以来，坚持"一带一路"倡议提出的"共商、共建、共享"原则，同30多个国家和地区的投资者以及多个国际和区域性组织建立了广泛的合作关系。丝路基金投资地域覆盖俄罗斯、中亚、南亚、东南亚、西亚、北非、中东欧、西欧、北美、南美等国家和地区，不仅包括低收入国家、发展中国家、新兴市场经济体，还包括发达经济体。投资行业涵盖了基础设施、资源开发、产业合作和金融合作等领域的电力、港口、交通、油气、新能源、食品等行业。投资形式上采取了直接投资、基金投资、第三方市场投资等多种形式。丝路基金运行六年多来，积极推进与境内外金融机构多种形式的合作，截止到2020年10月，已签约以股权投资为主的各类项目47个，承诺投资金额178亿美元，覆盖了"一带一路"沿线多个国家。

瓜达尔港建设

瓜达尔市位于巴基斯坦西南部，2002年，瓜达尔港正式开建，2007年，拥有三个两万吨级泊位、最多能同时停靠两艘五万吨级货轮的瓜达尔港启用。但此后几年，瓜达尔港发展近乎停滞，瓜达尔周边经济发展缓慢。这一情况直到2013年中国和巴基斯坦两国同意启动中巴经济走廊项目才发生转变。

2015年，双方确定以中巴经济走廊建设为中心，以瓜达尔港、能源、交通等基础设施建设以及产业合作为重点的"1+4"合作布局，开启中巴经济走廊建设新局面。瓜达尔港也迎来更大发展机遇，2016年11月，改建后的瓜达尔港运营，中巴经济走廊全线畅通后，石油等能源从波斯湾到达新疆喀什的时间缩短至5天，到达上海的时间也从25～30天缩短至12天。

2018年3月，中远海运集装箱运输有限公司开辟了巴基斯坦瓜达尔中东快航，并正式挂靠瓜达尔港，每周三都会有集装箱船停靠瓜达尔港。这条固定集装箱航线，从根本上解决了瓜达尔港此前"有船无货，有货无船"的局面。中国货轮运来的多是工程机械、建筑预制件、重型卡车和建筑材料，这些来自中国的物资不仅保障了瓜达尔港相关建设项目的急需，而且还满足了

⊕瓜达尔港（新华记者刘天 摄）

中巴经济走廊其他项目的需要。目前，卡拉奇港口运营近乎满负荷，瓜达尔港集装箱航线的开通让广大货主多了一项选择。

经过中巴双方的努力，瓜达尔港基本实现了与世界主要港口连接的目标，并提高了瓜达尔港在整个南亚地区的航运地位，从而解决了瓜达尔港建设完成后十几年都未能形成商业运营的问题。除此之外，瓜达尔港也是阿富汗、中亚等内陆国家和地区的理想出海口，大批运往阿富汗及中亚地区的转运货物可以通过瓜达尔港出入，这些都有益于巴基斯坦乃至整个南亚、中亚地区的经济繁荣。

第四章
建设更加美好的世界

当今世界正经历百年未有之大变局,和平与发展仍然是时代主题。世界多极化、经济全球化、文化多样化深入发展,全球治理体系和国际秩序变革加速推进,各国相互联系和依存日益加深,国际力量对比更趋平衡。然而,传统和非传统安全威胁的因素相互交织,世界发展的不稳定性依然存在。中国作为世界和平的建设者、全球发展的贡献者和国际秩序的维护者,为解决人类面临的共同问题,贡献了中国方案、中国智慧和中国力量。

和平与发展的时代主题

时代主题的提出

20世纪后半期，世界形势发生变化，世界人民厌恶战争、要求和平，和平力量的增长超过了战争力量的增长。虽然局部战争仍然不断发生，但没有发生新的世界大战。"冷战"结束后，局部战争频发没有改变总体和平的趋势。广大亚、非、拉国家独立后，也逐步走上了现代化发展道路，努力改变贫穷落后的面貌，争取民族的繁荣富强。20世纪90年代以后，世界上绝大多数国家都把发展经济、提高综合国力放在首要地位。

⊕联合国"千年首脑会议"
（新华社发）

2000年，联合国举行了"千年首脑会议"，150多位国家元首和政府首脑聚集在一起，共同探讨关系人类和平与发展的重大问题。会议发表的宣言提出了和平、安全与裁军，以及发展与消除贫穷等目标，体现了人类对和平与发展的追求。

20世纪80年代中期，邓小平敏锐把握时代变化的脉搏，提出了和平与发展是当今世界两大问题的著名论断，他指出："现在世界上真正大的问题，带全球性的战略问题，一个是和平问题，一个是经济问题或者说发展问题。和平问题是东西问题，发展问题是南北问题。概括起来，就是东西南北四个字。南北问题是核心问题。"从对时代问题的认识和判断出发，邓小平进而提出了解决国际问题的一系列大思路、大政策，对于我们应对复杂的国际形势，制定和实施正确的国际国内政策，起了重要的指导作用。

和平是发展的前提和基础。只有在和平的国际环境中，世界各国才能保持正常的经济交往。第二次世界大战后，世界经济的发展就是得益于相对和平的国际环境。战乱和冲突是经济发展的重大障碍。战乱不仅使参战国消耗大量的人力、物力、财力，造成严重的经济损失，而且导致交通运输瘫痪，国际贸易中断，给世界经济的发展造成严重的影响。发展经济是维护世界和平的有力保障，和平事业需要一定的物质基础。世界经济的发展促进了国际分工，增进了各国间的交流和联合，有可能抑制世界战争的爆发；经济的发展有助于消除世界不稳定的因素，减少发生军事冲突的可能性；世界经济特别是发展中国家经济的发展有利于世界和平力量的壮大。

进入 21 世纪，人类的和平事业面临着新的挑战，传统和非传统安全威胁的因素相互交织，战争的危险依然存在。少数国家在世界各地推行霸权主义和强权政治，构成对和平的威胁。恐怖主义活动猖獗，制造了一系列恐怖袭击事件，使得和平的道路艰难曲折。狭隘民族主义、地区霸权主义、宗教领土矛盾等，这些潜在的战争因素也对和平与发展构成巨大的威胁。尽管如此，维护和平，促进发展，事关各国人民的福祉，是各国人民的共同愿望，也是不可阻挡的历史潮流。

党的十九大报告指出："世界正处于大发展大变革大调整时期，和平与发展仍是时代主题。"这是在对时代趋势和世界形势进行了全面深刻分析基础上得出的科学论断。世界处于以和平与发展为主题的时代，为中国和平发展提供了根本的前提条件和现实可能性，是中国特色社会主义进入新时代的根本外部条件。不管前进的道路有多么曲折，我们都应利用好、维护好、促进好和平与发展的时代主题，与各国一道，共同推动建立以合作共赢为核心的新型国际关系，与各国人民一起维护世界和平、促进共同发展，为中华民族以更加昂扬的姿态屹立于世界民族之林而努力。

世界和平的坚定维护者

随着全球化的不断演变，当前，任何一个地方的安全问题都会对整个世界的局势产生影响。和平问题已经不仅仅是一个简单的政治或军事问题，而是一个与人类社会的经济发展、文化交流等各方面紧密相连，甚至会影响到整个人类的生存的问题。

世界政治格局的多极化趋势

世界政治格局指国际政治舞台上的各种力量（主要是主权国家和国家集团）从自身利益出发，相互联系、相互作用，在一定时期内所形成的

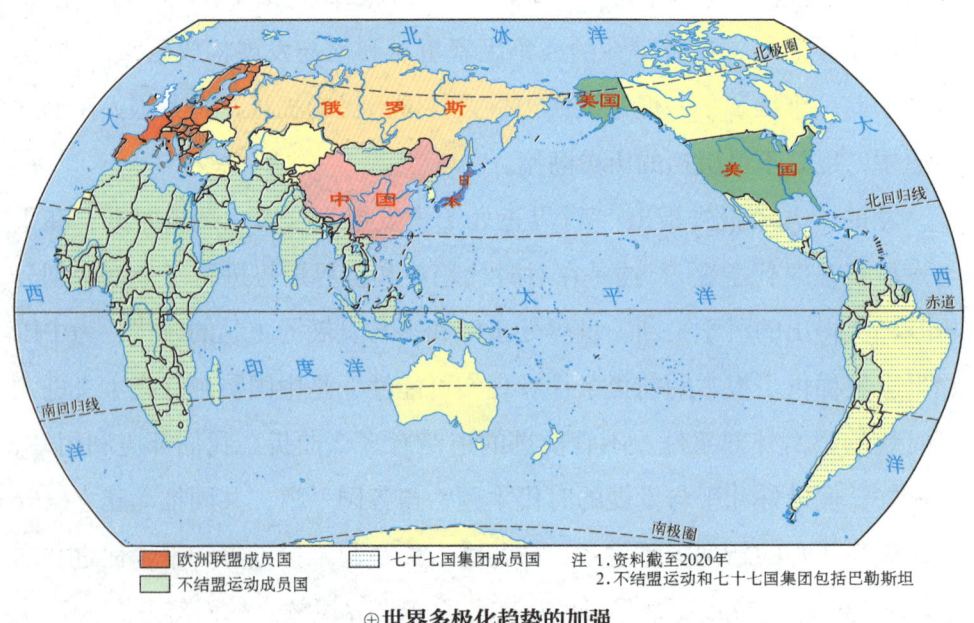

⊕ 世界多极化趋势的加强

一种结构状态。它既是相对稳定的，又是发展变化的。自 20 世纪 50 年代后期起，西欧和日本经济发展迅速，社会相对稳定；中国日益振兴并与许多国家建立了友好关系，扩大了世界影响；广大发展中国家采取不结盟的外交政策，在国际事务中发挥着越来越重要的作用。世界政治格局逐渐表现出多极化发展的趋势。目前，世界政治格局中存在着几个主要的力量中心，暂时形成"一超多强"的局面。美国是世界上唯一的超级大国，中国、日本、俄罗斯、欧洲联盟等国家和国家联盟是多极化国际格局中的重要力量。世界政治格局正在向着多极化方向发展。

世界和平面临的严峻挑战

人类的和平事业面临着新的挑战，传统安全威胁和非传统安全威胁的因素相互交织，战争的危险依然存在。少数国家在世界各地推行霸权主义和强权政治，构成对和平的威胁。恐怖主义活动猖獗，制造了一系列的恐怖袭击事件，并不断向一些国家和个人发出威胁，使得和平的道路艰难曲折。狭隘民族主义泛滥，地区霸权主义横行，宗教领土矛盾激化，这些潜在的战争因素也对和平与发展构成巨大的威胁。尽管如此，维护和平，促进发展，事关各国人民的福祉，是各国人民的共同愿望，也是不可阻挡的历史潮流。

当今世界并不安宁，霸权主义、强权政治仍然存在，地区冲突、民族矛盾、局部战争此起彼伏。少数强国凭借其强大的军事实力，充当"世界警察"或以武力相威胁，以图实现其战略目的。第二次世界大战后，美国经济、军事实力空前增强，向世界各地大肆扩张，成为超级大国，充当资本主义世界的霸主。1991 年，苏联解体，"冷战"结束，两极格局也随之瓦解。世界暂时出现"一超多强"的局面，"一超"指美国，"多强"指中国、俄罗斯、欧盟、日本等国家和国家联盟。美国作为当今世界头号超级大国，凭借其强大的经济实力和军事力量，不断插手别国事务和地区争端，使区域性、小规模的冲突增加。世界形势出现了缓和与紧张、和平与

⊕ 冷战结束后的地区冲突和重大恐怖事件发生地分布

动荡并存的局面。

虽然冷战后国际形势的主流是和平与发展，但仍然存在很多的问题和矛盾。局部性的、区域性的、小规模的冲突不断，典型的有巴以冲突、印巴冲突、叙利亚危机等。当今世界形势总趋势是走向缓和，明显呈现出缓和与紧张、和平与动荡并存的局面。

难民潮席卷全球。由于地区性冲突不断，自然灾害频发，难民人数急剧增加。随着移民（难民）的数量增多，移民（难民）接受国频频发生地区冲突，同时也增加了劳动力市场的压力，因而导致一些国家加强对移民输入的限制。针对发达国家的移民（难民）限流措施，偷渡现象便屡屡发生，从而引起有关国家之间相互关系的紧张。妥善处理移民（难民）问题已成为国际关系的重要问题。如今的欧洲正面临自第二次世界大战以来最严重的难民危机。根据国际难民署的数据，2015 年的前 9 个月中，已有大约 46.4 万人通过海路到达欧洲，其中来自叙利亚的难民所占比例最大。

国际恐怖主义是当今世界上国家、民族、阶级、宗教间各种尖锐复杂矛盾的反映。20世纪60年代以后，恐怖主义活动开始日益频繁，在西欧、中东、拉丁美洲和南亚等地区蔓延。恐怖主义活动严重威胁着国际社会的安全和秩序，许多国家纷纷采取对策，先后颁布了反恐怖主义的法令，建立了反恐部队，并加强了国际合作。

中东地区长期战乱频繁、动荡不安，引起国际社会的广泛关注。在中东问题中，影响最大的是阿拉伯国家和以色列的冲突，而冲突的焦点是巴勒斯坦和以色列。巴以冲突由来已久，影响巴以冲突的因素错综复杂，包括领土争端、耶路撒冷地位问题、联合国的有关决议、巴以双方军事力量对比、外交与国际环境，以及民族和宗教冲突等。

历史上，为了解决巴

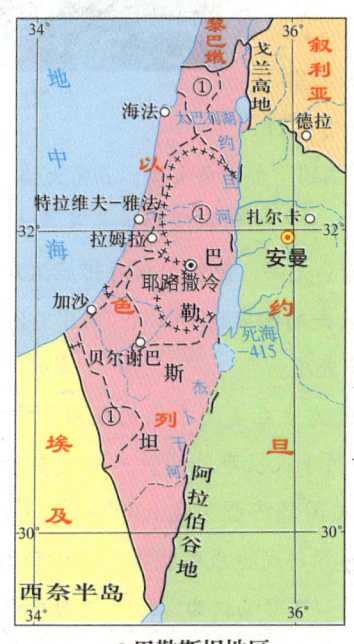

巴以冲突

① 阿拉伯区
--- 1947年联合国安理会决议所规定的"犹太国"(以色列)疆界。
++++ 1949年巴勒斯坦地区以色列和阿拉伯国家停战界线。

根据1947年联合国通过的巴勒斯坦分治决议，耶路撒冷应由联合国托管。目前耶路撒冷由以色列实际控制。

⊕ 巴勒斯坦地区

以问题，以色列和阿拉伯国家之间爆发过5次大规模战争。联合国以及其他大国为解决巴勒斯坦问题也作出了大量努力，但巴以冲突始终未得到根本解决。同时，巴以冲突也引发了大量的其他问题，比如社会经济发展问题、难民安置、地区恐怖主义等，这些棘手的问题亟待解决。尽管巴以之间时有暴力冲突发生，但和平解决是大势所趋。巴以之间由对抗走向和平，实现关系正常化，任重道远，而双方矛盾的解决对世界的和平与安定具有重要意义。

美国"9·11"事件

2001年9月11日上午（美国东部时间），两架被恐怖分子劫持的民航客机分别撞向美国纽约世界贸易中心1号楼和2号楼，两座建筑在遭受攻击后相继倒塌，世界贸易中心其余5座建筑物也受震而坍塌损毁，另一架被劫持的客机则

⊕ "9·11"恐怖主义袭击

撞向位于华盛顿的美国国防部五角大楼，五角大楼局部结构损坏并坍塌。

事件发生后，全美各地的军队均进入最高戒备状态。虽然塔利班发表声明称恐怖事件与本·拉登无关，但美国政府仍然认定本·拉登是恐怖袭击事件头号嫌犯。作为对这次袭击的回应，2001年10月7日，美国总统乔治·布什宣布开始对阿富汗发动军事进攻。

"9·11"事件是发生在美国本土的最为严重的恐怖攻击行动之一，遇难者总数高达2 996人。对于此次事件的财产损失各方统计不一，联合国发表报告称此次恐怖袭击造成美国经济损失达2 000亿美元，相当于当年国内生产总值的2%。此次事件对全球经济所造成的损害甚至达到了1万亿美元左右。"9·11"事件对美国民众造成的心理影响极为深远，美国民众对经济及政治上的安全感均被严重削弱。

难民危机、恐怖袭击等问题都同地缘冲突密切相关，化解冲突是根本之策。当事各方要通过协商谈判，其他各方应该积极劝和促谈，尊重联合国发挥斡旋主渠道作用。为解决叙利亚难民问题，联合国难民署、国际移民组织积极发挥统筹协调作用，动员全球力量有效应对。为帮助叙利亚等国，中国决定向叙利亚等国提供价值1亿元人民币的人道主义援助。

为促使朝核问题和平解决，中国政府积极斡旋，于2003年4月促成有朝鲜、中国、美国参加的朝核问题三方会谈。2003年8月，中国在北京举行有中国、朝鲜、韩国、美国、日本、俄罗斯参加的朝核问题六方会谈，并确立了通过谈判和平解决朝核问题的原则。为朝鲜半岛的无核化作出了自己应有的贡献。

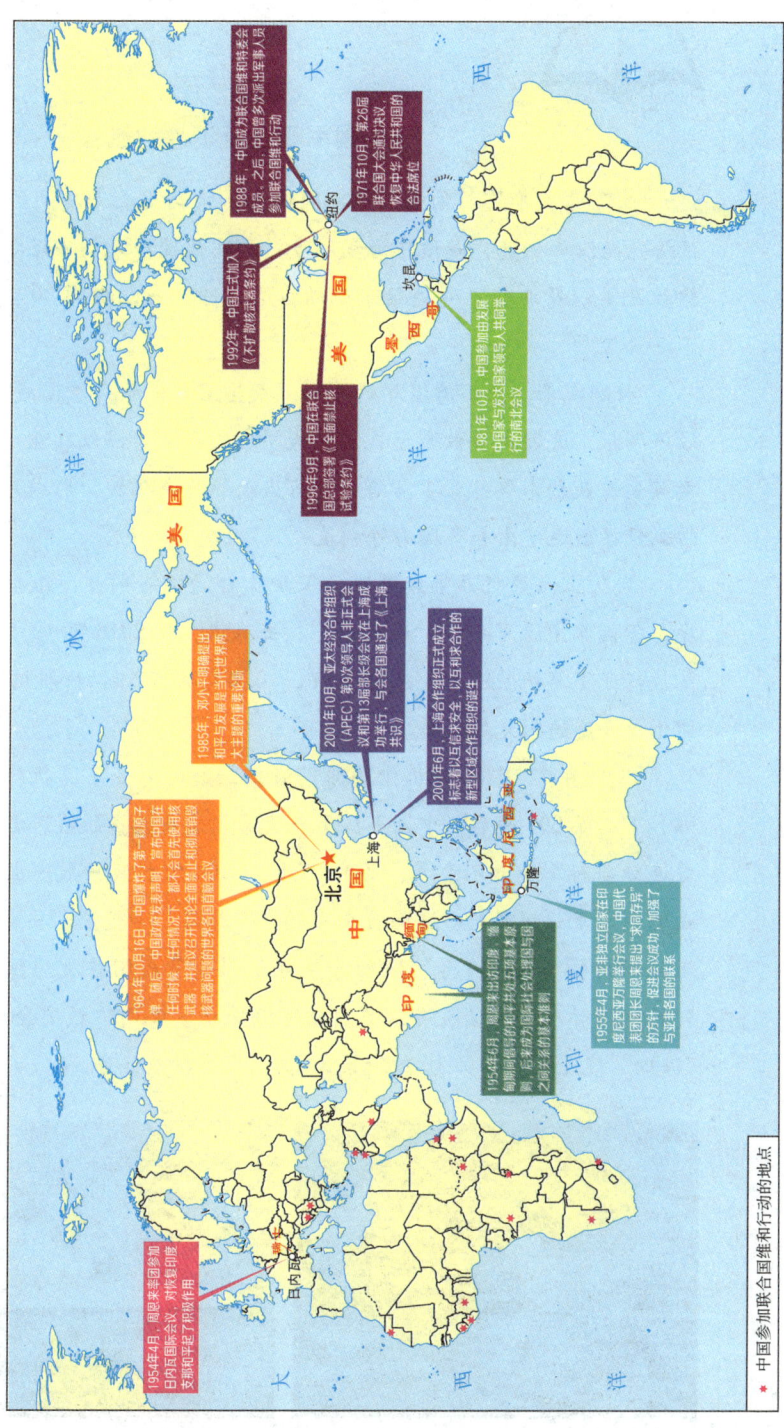

⊕ 中国对世界和平事业的贡献

中国军舰在亚丁湾护航

亚丁湾属于阿拉伯海,是也门南部、索马里北部之间的重要水域,通过曼德海峡与红海相连,是地中海和印度洋之间快捷往来的必经之处,也是中东石油输往欧美以及北非石油输往东亚的水运要冲,亚欧之间80%的货运都要经过亚丁湾。

长期以来,亚丁湾沿岸的也门、索马里、吉布提等国战乱不断、社会动荡、经济凋敝,武器大量散布于民间。民间武装人员为谋取利益,劫掠来往船舶,勒索赎金,获利丰厚。亚丁湾海域的海盗犯罪日渐猖獗,形成严重的地区问题,威胁到世界航运安全和多国海外利益。

为防止海盗犯罪继续蔓延,保护各自的经济利益,维护航运安全和贸易秩序,各国派出海军舰只护送商船、打击海盗。到2018年12月,我国派遣护航编队执行亚丁湾护航任务迎来10周年,10年间共有31批护航编队接力亮相亚丁湾,留下了一道道闪光的航迹。

2008年12月26日,中国派"海口"舰远赴亚丁湾执行护航任务。这是继郑和下西洋600年后,中国军队第一次勇闯这条远洋航线。首次护航,"海口"舰曾连续航行124天不靠港,共为27批次104艘船只护航,成功解救了被海盗追击的利比里亚籍商船、遭海盗袭击的"雁荡海"号轮船,出色完成了接护我国被海盗劫持的"天裕8号"渔船等任务,创造了我国首次组织海上作战力量赴海外履行国际人道主义义务、首次在远海保护重要运输线安全等多项纪录。此后,"海口"舰还执行了第10批、第27批亚丁湾护航任务。

⊕ "海口"舰(新华社李昌鋆 摄)

⊕ "微山湖"舰(新华社袁永东 摄)

担任过护航任务的"微山湖"舰是补给舰,可以为两艘以上舰船补给燃油、淡水、弹药和各种生活物资。它的出动常有驱逐舰的伴随保护,舰上还有4门小口径火炮可自卫防身,用来打击海盗绰绰有余。"微山湖"舰10年间先后执行过8批次护航任务,航行积累1200多天,创造了我海军舰艇执行护航任务批次最多、护航商船最多、累计护航航程最远、海上补给次数最多、补给物资量最大等20多项新纪录。

担任过护航任务的"长白山"舰是第一艘出征亚丁湾的船坞登陆舰,它是体型最大的护航战舰。与驱逐舰等舰艇相比,它的船体内有巨大坞舱,可以搭载气垫登陆艇、坦克和各种车辆。它还有宽大的飞行甲板,能够搭载2~4架大型直升机,是一款两栖登陆作战的利器。护航中,"长白山"舰紧贴实战练兵,不仅帮助大量中外商船安全通过亚丁湾,还积累了丰富的远洋作战经验。

中国海军护航编队针对海盗活动的新变化、兵力运用的新特点、国家利益的新需求,不断创新护航模式,助力亚丁湾这个世界上"最危险海域"重新成为"黄金航道"。同时,在远航交流中汲取营养,在互动中传播友谊,以护航为"窗口",中国海军持续拓展对外交流合作,一路撒下友谊的种子,向世界展示当代中国海军的崭新风采,树立了中国和平友好的大国形象。

⊕中国海军赴亚丁湾护航编队(新华社发)

世界发展问题关系你我

世界经济增长动能不足，贫富分化日益严重，全球环境（污染、破坏）问题、人口（增长、老龄化、疾病）问题、资源（短缺、枯竭）问题、气候变化等非传统安全威胁持续蔓延，世界发展问题关系到整个人类的生存与发展。

南北问题

南北问题从经济概念上说，指发达国家和发展中国家之间经济发展不平衡、经济关系不平等问题。南北问题的实质是发展问题。

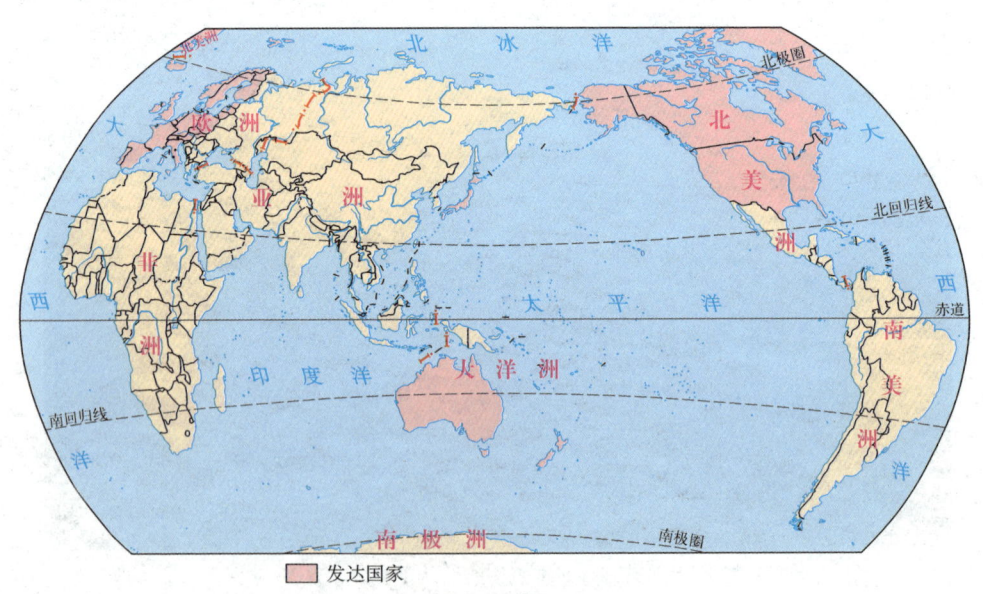

⊕ 世界上主要的发达国家分布

世界各国根据其经济发展水平和贫富状况，通常分为发达国家和发展中国家。发展中国家的评价标准主要是这个国家的人均国内生产总值相对比较低，通常指包括亚洲、非洲、拉丁美洲及其他地区的130多个国家，占世界陆地面积和总人口的70%以上。发达国家的普遍特征是较高的人类发展指数、人均国民生产总值、工业化水准和生活品质。

　　发达国家的工农业都很发达，经济实力雄厚，经济发展水平高。而发展中国家在历史上，长期沦为帝国主义的殖民地和半殖民地，在第二次世界大战后，纷纷独立，发展自己的民族工业，但与发达国家相比，在经济上存在着很大的差异。随着两者差距的拉大，南北问题的矛盾愈发凸显。

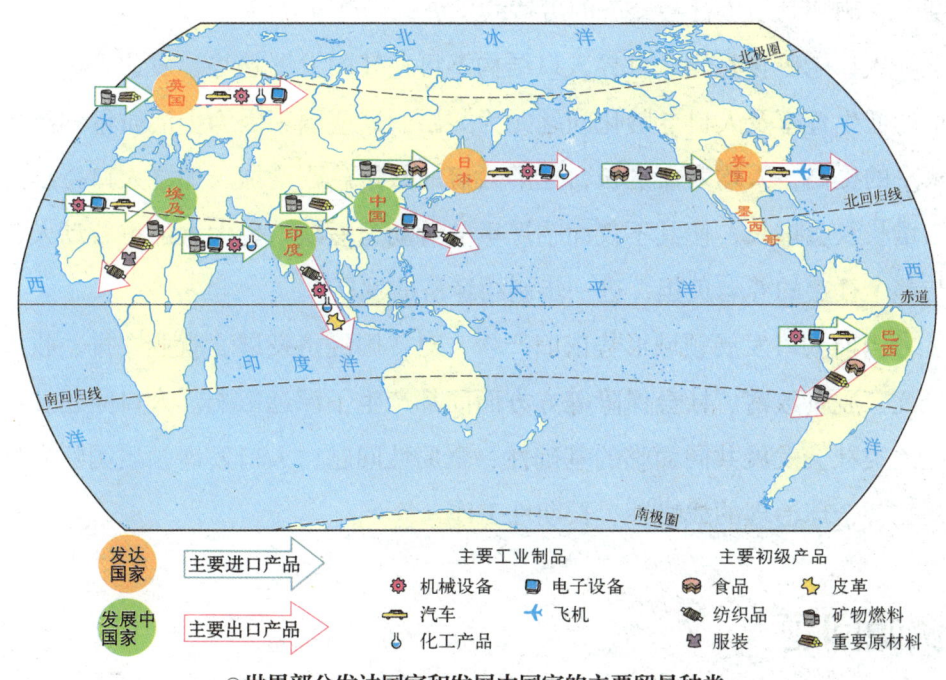

⊕ 世界部分发达国家和发展中国家的主要贸易种类

人口问题

　　人口问题是当今世界令人瞩目的社会问题之一，也是全球政治经济发展格局中的重要构件，它对世界各国社会经济的发展有着深远的影响。作为国际社会所面临的一个普遍性问题，人口问题几乎在所有的国家和地区都存在，差别只在于表现形式不一。伴随着经济和社会的发展，人口发展中存在的问题也日趋明显。

20世纪70年代以后，世界人口增速趋缓，总量持续增长。由于各国政府的不懈努力，特别是中国等发展中国家成功地实施了计划生育政策，世界人口控制取得了显著的成效，但世界人口总量的增长依然不可小觑。预计到2050年世界人口总量将达到91亿人。人口膨胀与环境、资源的矛盾日益明显。随着全球人口数量的不断增长和世界经济规模的不断扩张，加大了对生态系统的侵扰乃至破坏，造成资源、能源的紧缺，并在不同程度上影响和制约了社会经济的可持续发展。

人口老龄化是当今世界人口结构不可逆转的发展趋势。发达国家所面临的低生育率及人口老龄化问题尤为突出。这些国家因为生活质量和医疗水平的提高，人均寿命延长，老龄人口的数量急剧增加。加之人口持续的零增长及负增长，使其不仅面临严重的劳动力短缺，也大大加重劳动人口与整个社会的养老负担，进一步制约经济的发展。

当前人口发展领域形势依旧严峻，对各国经济发展、就业安排、收入分配、脱贫致富、社会保障等方方面面都产生了深远影响。人口问题始终是人类社会发展共同面临的基础性、全局性问题，人口发展领域国际合作是完善全球治理的战略性、长期性工作。

资源问题

随着人口增长和经济规模的扩张，全球性资源问题日益凸显。世界自然保护基金会发表报告指出，由于目前人类对自然资源的利用超出其更新能力的20%，如果各国政府再不进行干预，2030年后人类的整体生活水平将会下降。

资源问题的主要表现有：世界森林衰退问题严重，据绿色和平组织估计，近100年来，全世界的原始森林有80%遭到破坏；土壤退化问题不容乐观,土壤退化导致世界人均耕地面积减少,据联合国统计,1975—2000年,世界人均耕地面积大约减少一半;水资源问题日趋严峻,水资源短缺和水污染,已成为最严重和最重大的资源问题之一,也是未来人类面临的最为严峻的挑战之一。联合国发布的《2018年世界水资源开发报告》中指出,由于人口增长、经济发展和消费方式的转变等因素,全球水资源的需求正在以每年1%的速度增长,而这一速度在未来20年还将大幅加快;未来数十年,水质还将进一步恶化,对人类健康、环境和可持续发展的威胁将只增不减。

环境问题

环境问题主要包括环境污染和生态破坏等方面。目前全球主要面临十大环境问题:全球变暖、臭氧层的破坏、酸雨蔓延、生物多样性减少、森林锐减、土地荒漠化、大气污染、水污染、海洋污染和固体废物污染等。

进入21世纪以来,气候变化问题愈发突出。受气候变化影响,全球极端天气灾害频发,给有关国家的经济和人民的生命财产造成巨大损失。全球变暖导致海平面持续上升,一些岛屿国家的生存和发展

⊕极端干旱土地

面临直接威胁。气候变化还可能通过影响粮食、水资源等战略资源的供应与再分配,引发社会动荡甚至国际冲突。

在经济利益的驱使下,很多地区不顾及生态的良性循环和承载能力,盲目甚至粗暴地进行采挖、捕猎。不合理的开发利用方式和强度,对许多动植物资源造成不可逆转的破坏和影响。

南美的亚马孙原始森林,是世界上最大的热带雨林,被称为"地球之肺",其木材蓄积量约占世界总量的45%。然而,由于近年来全球气候变化导致极端天气增多,极端干旱和火灾频发,加上人类大规模的砍伐,使

亚马孙的森林覆盖面积逐年减少，且日益受到土地荒漠化的威胁。雨林面积的缩小，又势必会加剧全球气候的异变。如今，巴西境内亚马孙雨林的森林覆盖率已下降约20%，并仍以较快的速度继续下降，雨林保护刻不容缓。

⊕ 大气污染

能源的不合理开发和利用，致使大气污染也日趋严重。全世界每年向大气中排放几十亿吨甚至几百亿吨的二氧化碳、粉尘及其他有害气体。这些排放物主要与能源的利用有关。由于二氧化碳等温室气体大量排放所产生的"温室效应"，导致地球变暖，全球性气候异常，海平面上升，自然灾害增多。随着二氧化硫等酸性气体的排放量加大，酸雨现象越来越严重，造成生态破坏，农业减产。氟氯烃类化合物的大量排放使大气臭氧层遭到破坏，使地面受到过量的紫外线辐射，严重危害人类健康。

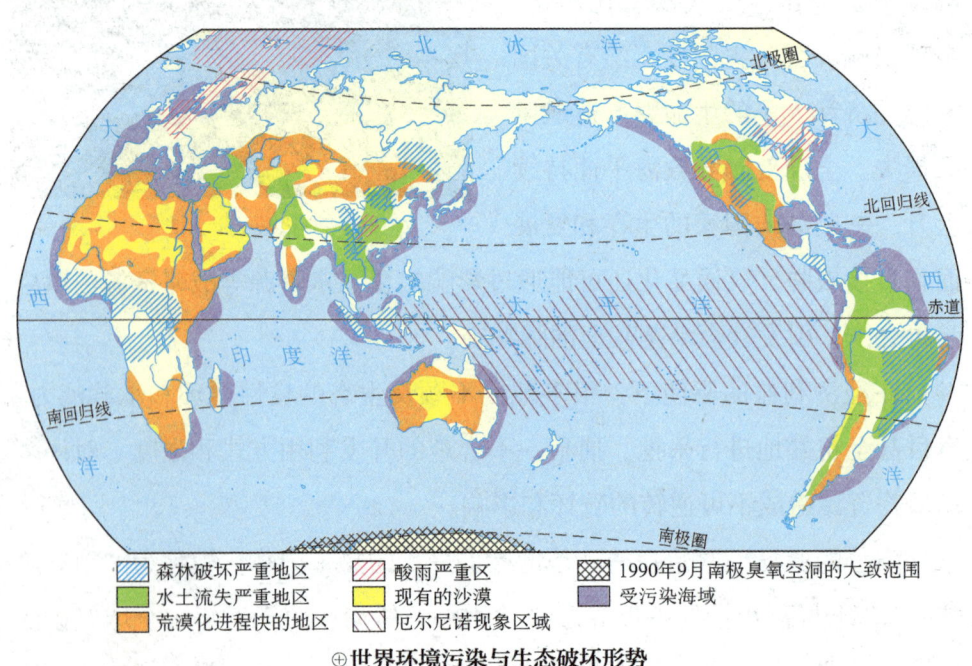
⊕ 世界环境污染与生态破坏形势

洛杉矶光化学烟雾事件

洛杉矶市位于美国西南海岸，西面临海，三面环山，是个阳光明媚、气候温暖、风景宜人的地方。早期金矿、石油和运河的开发，加之得天独厚的地理位置，使它很快成为了一个商业、旅游业都很发达的港口城市。

然而，从20世纪40年代初开始，人们就发现这座城市一改以往的"温柔"，变得"疯狂"起来。每年从夏季至早秋，只要是晴朗的日子，城市上空就会出现一种弥漫天空的浅蓝色烟雾，使整座城市上空变得浑浊不清。这种烟雾使人眼睛发红，咽喉疼痛，呼吸憋闷，头昏、头痛。1943年以后，烟雾更加肆虐，以致远离城市100千米以外的海拔2 000米高山上的大片松林也因此枯死，柑橘减产。仅1950—1951年，美国因大气污染造成的损失就达15亿美元。这就是最早出现的新型大气污染事件——光化学烟雾污染事件。

光化学烟雾是由于汽车尾气和工业废气排放造成的，一般发生在湿度低、气温在24～32℃的夏季晴天的中午或午后。汽车尾气中的烯烃类碳氢化合物和二氧化氮被排放到大气中后，在强烈的阳光紫外线照射下，会吸收太阳光所具有的能量。这些物质的分子在吸收了太阳光的能量后，会变得不稳定起来，原有的化学链遭到破坏，形成新的物质。这种化学反应被称为光化学反应，其产物为含剧毒的光化学烟雾。

洛杉矶在20世纪40年代就拥有250多万辆汽车，每天大约消耗1 100多吨汽油，排出1 000多吨碳氢化合物、300多吨氮氧化合物、700多吨一氧化碳。另外，还有炼油厂、供油站等其他石油燃烧排放，这些化合物被排放到洛杉矶上空，如同制造了一个毒烟雾工厂。

掌握了光化学烟雾形成的原因，洛杉矶政府也随即采取行动，他们把视线集中于排放碳氢化合物的油田、炼油厂等遍及当地的石油工业。由于采取的措施极为严格，碳氢化合物从1947年每天排放2 100吨，降为1957年每天250吨。可以说，这样的成绩相当喜人。与此同时，当地政府还妥善处理了垃圾场的露天焚烧问题，减少工厂烟气排放，对冒黑烟的家庭后院的焚化炉予以禁止，并调整了南加州果园的加热问题。

然而，即便如此，光化学烟雾依然大量存在，甚至呈愈演愈烈之势。在1955年9月，光化学烟雾又造成400多名老人在短短2天内死亡，更多人因受到烟雾刺激而出现眼睛刺痛、呼吸困难等症状。有学者统计了洛杉矶县报道居民患眼睛过敏症的天数，其中1959年是187天，1960年是198天，1961年是186天，1962年是212天。这样的数据，显示出洛杉矶的空气污染非但没有好转，反而继续恶化。

1952年，伦敦的"杀人烟雾"夺走了4 000人的生命。由于害怕同样的灾难会降临洛杉矶，州长古德温·奈特任命化学家阿诺德·贝克曼组建一个委员会调查并提出空气污染治理的建议。经过一年多的努力，贝克曼领导的委员会提出了几条影响深远的建议，计划由政府空气管理机构在未来几年实施。他们提出：削减炼油厂，减少加油行为过程中的蒸发泄漏，进一步降低碳氢化合物排放；建立汽车尾气排放标准；柴油卡车和公共汽车采用丙烷作为燃料，取代以前的柴油；重污染行业考虑放慢发展速度；禁止室外垃圾燃烧；发展快速运输系统。政府部门投入大量精力来改善空气质量。

⊕ 光化学烟雾笼罩的洛杉矶

尽管洛杉矶政府在1943年以后就不断想办法控制空气污染，但仅仅起到烟雾减轻的效果，并没能完全摘掉美国"烟雾城"的帽子，因为包括洛杉矶在内的整个美国的汽车消费俨然已成为一种特有的文化。直到2007年，经过多年的努力，这顶扣了60年的帽子才真正被摘了下来。此时的洛杉矶，终于达到了清洁空气的标准。

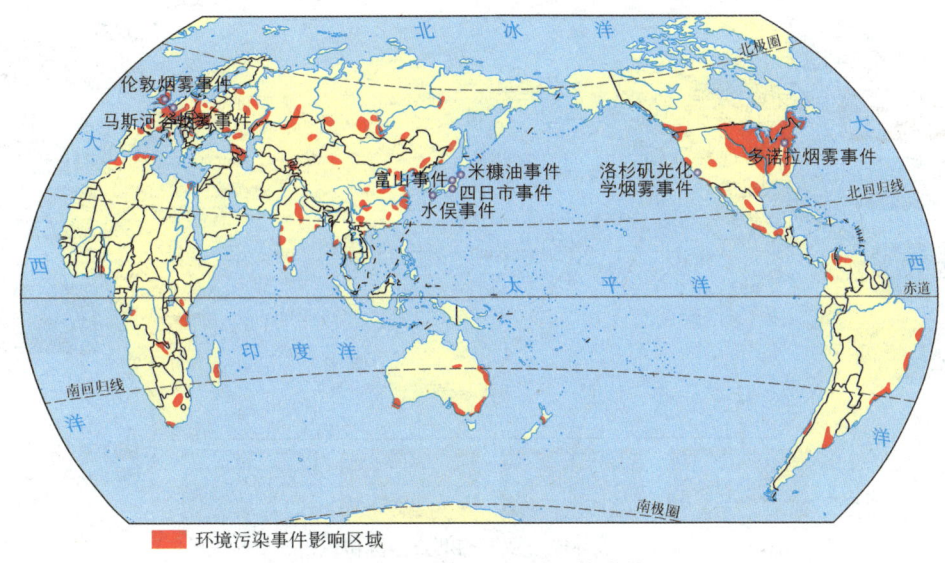

⊕ 20 世纪世界主要环境污染事件

世界在行动，中国正参与

　　世界范围内的环境污染与生态破坏日益严重，环境问题和环境保护逐渐为国际社会所关注。1972年6月5日，联合国在瑞典首都斯德哥尔摩举行第一次人类环境会议，通过了著名的《人类环境宣言》及保护全球环境的"行动计划"，提出"为了这一代和将来世世代代保护和改善环境"的口号。这是人类历史上第一次在全世界范围内研究保护人类环境的会议。出席会议的110多个国家和地区的1 300多名代表建议将大会开幕日定为"世界环境日"。

　　同年10月，第27届联合国大会通过了联合国人类环境会议的建议，规定每年的6月5日为"世界环境日"，让世界各国人民永远纪念这一天。联合国系统和各国政府要在每年的这一天开展各种活动，提醒全世界注意全球环境状况和人类活动对环境的危害，强调保护和改善人类环境的重要性。联合国每年会选择一个成员国举行纪念活动，并有针对性地提出活动主题。

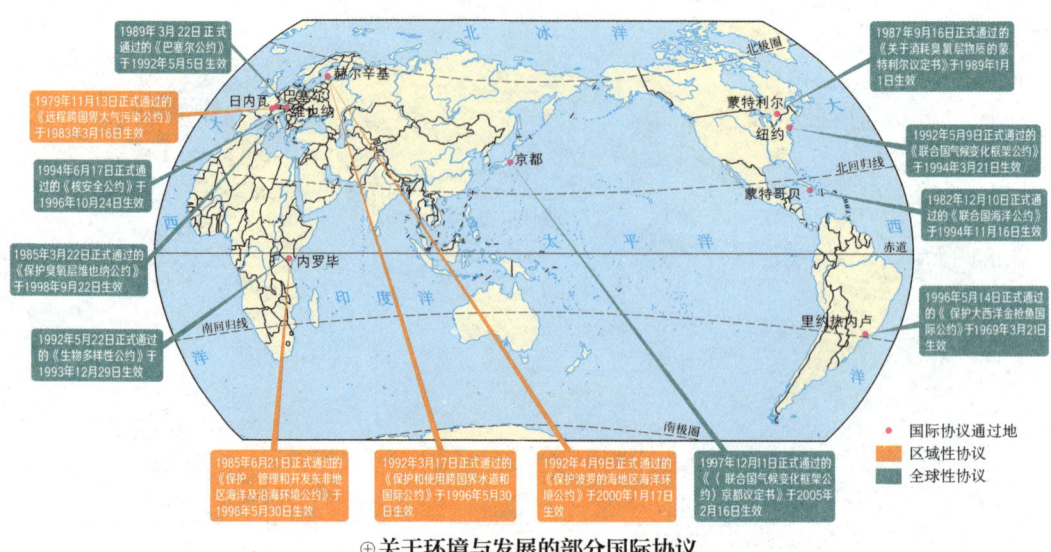

⊕ 关于环境与发展的部分国际协议

⊕ 部分国际非政府环境保护组织

宇宙只有一个地球，人类共有一个家园。地球是人类唯一赖以生存的家园，珍爱和呵护地球是人类的唯一选择。习近平总书记明确指出，我们既要绿水青山，也要金山银山。宁要绿水青山，不要金山银山，而且绿水青山就是金山银山。

中国把加强环境治理、构建人与自然和谐发展放在更加突出的位置，

类型	公约	类型	公约
大气	保护臭氧层维也纳公约	自然保护和陆地生物资源	生物多样性公约
大气	经修正的《关于消耗臭氧层物质的蒙特利尔议定书》	自然保护和陆地生物资源	关于特别是作为水禽栖息地的国际重要湿地公约
大气	联合国气候变化框架公约	自然保护和陆地生物资源	联合国防治荒漠化公约
大气	《联合国气候变化框架公约》京都协定书	自然保护和陆地生物资源	濒危野生动植物物种国际贸易公约
海洋环境和生物环境资源	防止倾倒废物及其他物质污染海洋公约	南极保护	南极条约
海洋环境和生物环境资源	防止倾倒废物及其他物质污染海洋公约的1996年协定书	南极保护	关于环境保护的南极条约协定书
海洋环境和生物环境资源	国际油污防备、反应和合作公约	自然和文化遗产保护	保护世界文化和自然遗产公约
海洋环境和生物环境资源	国际干预公海油污事故公约	自然和文化遗产保护	关于禁止和防止非法进出口文化财产和非法转让其所有权的方法的公约
海洋环境和生物环境资源	联合国海洋法公约摘录	核安全	及早通报核事故公约
海洋环境和生物环境资源	联合国海洋法公约摘录	核安全	核事故或辐射紧急援助公约
海洋环境和生物环境资源	国际捕鲸管制公约	核安全	核安全公约
海洋环境和生物环境资源	国际捕鲸管制公约	核安全	核材料实物保护公约
海洋环境和生物环境资源	保护大西洋金枪鱼国际公约	危险物质	控制危险废物越境转移及其处置巴塞尔公约
海洋环境和生物环境资源	保护大西洋金枪鱼国际公约	危险物质	《控制危险废物越境转移及其处置巴塞尔公约》修正案
海洋环境和生物环境资源	跨界鱼类种群和高度洄游鱼类种群的养护与管理协定	危险物质	关于化学品国际贸易资料交换的伦敦准则
海洋环境和生物环境资源	跨界鱼类种群和高度洄游鱼类种群的养护与管理协定	危险物质	关于在国际贸易中对某些危险化学品和农药采用事先知情同意程序的鹿特丹公约

⊕ 中国参与的部分国际环境公约

把建设良好生态环境作为实现中华民族和世界永续发展的目标,"下决心、花力气"改善生态环境,普惠百姓的中国决心、中国信心和中国作为得到了世界的认可。

建设好生态文明是关系人民福祉、关乎民族未来的长远大计。作为世界公民,中国在生态文明建设理念上,践行推动绿色发展、可持续发展的使命

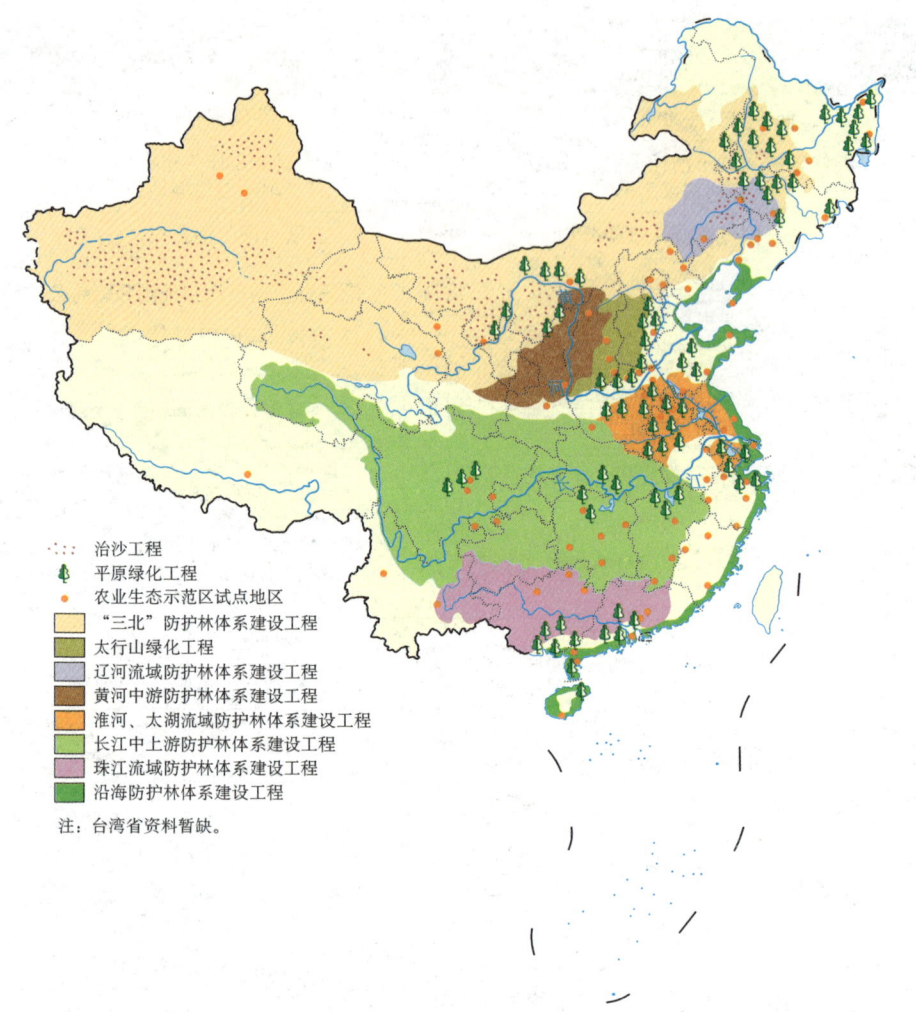

⊕ 中国生态建设和防护林体系建设工程

感及责任感。近年来，从党的十八大提出"美丽中国"、将生态文明纳入"五位一体"总体布局，到"绿水青山就是金山银山"的理念走进联合国，生态文明建设被提升至前所未有的高度。2017年1月，习近平主席在联合国日内瓦总部演讲时，向联合国表述中国的决心，他指出，我们不能吃祖宗饭、断子孙路，用破坏性方式搞发展。绿水青山就是金山银山。我们应该遵循天人合一、道法自然的理念，寻求永续发展之路。

2017年5月，习近平总书记就推动形成绿色发展方式和生活方式提出

第四章　建设更加美好的世界 | 109

⊕ 中国生态环境监测网络

6项重点任务：加快转变经济发展方式；加大环境污染综合治理；加快推进生态保护修复；全面促进资源节约集约利用；倡导推广绿色消费；完善生态文明制度体系。

中国正在倡导绿色、低碳、循环、可持续的生产生活方式，平衡推进2030年可持续发展议程，不断开拓生产发展、生活富裕、生态良好的文明

⊕ 中国主要自然保护区

发展道路。2020年12月12日,习近平主席在气候雄心峰会上指出,在气候变化挑战面前,人类命运与共,单边主义没有出路,我们只有坚持多边主义,讲团结、促合作,才能互利共赢,福泽各国人民。到2030年,中国单位国内生产总值二氧化碳排放将比2005年下降65%以上,非化石能源占一次能源消费比重将达到25%左右,森林蓄积量将比2005年增加60亿立方米,风电、太阳能发电总装机容量将达到12亿千瓦以上。中国将以新发展理念为引领,在推动高质量发展中促进经济社会发展全面绿色转型,为全球应对气候变化作出更大贡献。

构建人类命运共同体

中国作为世界和平的建设者、全球发展的贡献者和国际秩序的维护者，为解决人类面临的共同问题，提供了自己的方案。一方面，中国高举和平、发展、合作、共赢的旗帜，坚持在和平共处五项原则基础上发展同各国的友好合作，推动建设相互尊重、公平正义、合作共赢的新型国际关系；另一方面，中国倡导构建人类命运共同体，进一步促进全球治理体系变革。

中国方案，中国智慧

2015年9月，习近平主席在纽约联合国总部出席第70届联合国大会一般性辩论时发表重要讲话时指出，当今世界，各国相互依存、休戚与共。我们要继承和弘扬联合国宪章的宗旨和原则，构建以合作共赢为核心的新型国际关系，打造人类命运共同体。

世界格局正处在一个加快演变的历史进程之中，和平、发展、进步的阳光足以穿透战争、贫穷、落后的阴霾，经济全球化、社会信息化极大地解放和发展了社会生产力，创造了前所未有的发展机遇；

⊕ 第70届联合国大会（新华社李木子 摄）

同时，恐怖主义、金融动荡、环境危机等问题愈加突出，给我们带来前所未有的挑战。面对全球性挑战，没有哪个国家可以置身事外、独善其身，世界各国需要以负责任的精神同舟共济、协调行动。人类生活在同一个地球村，各国相互联系、相互依存、相互合作、相互促进的程度空前加深，国际社会日益成为一个你中有我、我中有你的命运共同体。

⊕ "中共十九大：中国发展和世界意义"国际智库研讨会（新华社陈晔华 摄）

当今世界的发展，需要新思路与大智慧的引领。中国着眼于时代发展大势，遵循共商共建共享原则，为全球治理提出中国方案，贡献中国智慧。

2017年10月，习近平总书记在十九大报告中指出，我们呼吁，各国人民同心协力，构建人类命运共同体，建设持久和平、普遍安全、共同繁荣、开放包容、清洁美丽的世界。要相互尊重、平等协商，坚决摒弃冷战思维和强权政治，走对话而不对抗、结伴而不结盟的国与国交往新路。要坚持以对话解决争端、以协商化解分歧，统筹应对传统和非传统安全威胁，反对一切形式的恐怖主义。要同舟共济，促进贸易和投资自由化、便利化，推动经济全球化朝着更加开放、包容、普惠、平衡、共赢的方向发展。要尊重世界文明多样性，以文明交流超越文明隔阂、文明互鉴超越文明冲突、文明共存超越文明优越。要坚持环境友好，合作应对气候变化，保护好人类赖以生存的地球家园。

2018年3月,第十三届全国人大一次会议表决通过了《中华人民共和国宪法修正案》,将"推动构建人类命运共同体"写入宪法,标志着推动构建人类命运共同体被确立为全党、全体中国人民的集体意志。

直面国内外现实问题

构建人类命运共同体重要战略思想,是习近平总书记着眼人类发展和世界前途提出的中国理念、中国方案,符合世界历史发展规律,受到国际社会的广泛赞誉和热烈响应。当前,我们要以正在做以及将要做的事情为中心,直面国内外现实问题,结合实践深入理解构建人类命运共同体的重要意义。

习近平总书记指出,和平是人民的永恒期望。没有和平,发展就无从谈起。从历史上看,有着五千多年历史的中华文明,始终崇尚和平、和睦、和谐的生存状态,自古就提出了"国虽大,好战必亡"的箴言,"以和为贵""和而不同""化干戈为玉帛""睦邻友邦""天下大同"等理念更是世代相传。因此,我们将坚定维护亚洲和世界的和平稳定。中国人民对战争和动荡带来的苦难有着刻骨铭心的记忆,对和平有着孜孜不倦的追求。中国将通过争取和平国际环境发展自己,又以自身发展维护和促进世界和平。中国人民坚持走和平发展道路,也真诚希望世界各国都走和平发展这条道路,共同应对威胁和破坏和平的各种因素,携手建设持久和平、共同繁荣的和谐世界。为此,习近平总书记代表中国人民向全世界发出铿锵有力的誓言:"让铸剑为犁、永不再战的理念深植人心。"

中国坚定奉行独立自主的和平外交政策,尊重各国人民自主选择发展道路的权利,维护国际公平正义,反对把自己的意志强加于人,反对干涉别国内政,反对以强凌弱。中国决不会以牺牲别国利益为代价来发展自己,也决不放弃自己的正当权益,任何人不要幻想让中国吞下损害自身利益的苦果。中国奉行防御性的国防政策。中国发展不对任何国家构成威胁。

中国无论发展到什么程度，永远不称霸，永远不搞扩张。中国积极发展全球伙伴关系，扩大同各国的利益交汇点，推进大国协调和合作，构建总体稳定、均衡发展的大国关系框架，按照亲诚惠容理念和与邻为善、以邻为伴周边外交方针深化同周边国家关系，秉持正确义利观和真实亲诚理念加强同发展中国家团结合作。

习近平总书记强调，我们的事业是同世界各国合作共赢的事业。"合作共赢"是人类命运共同体的核心理念。世界多极化、经济全球化、文化多样化、社会信息化深入发展，弱肉强食的丛林法则、你输我赢的零和游戏不再符合时代逻辑，和平、发展、合作、共赢成为各国人民共同呼声。经济全球化不能再沿着以往那种丛林法则和零和游戏的模式走下去了。和平、发展、合作、共赢才是世界发展的大势。一个国家要发展繁荣，就必须把握和顺应这个世界大势。

⊕ 二十国集团领导人杭州峰会会场

中国坚持对外开放的基本国策，坚持打开国门搞建设，积极促进"一带一路"国际合作，努力实现政策沟通、设施连通、贸易畅通、资金融通、民心相通，打造国际合作新平台，增添共同发展新动力。加大对发展中国家特别是最不发达国家援助力度，促进缩小南北发展差距。支持多边贸易体制，促进自由贸易区建设，推动建设开放型世界经济。

中国秉持共商共建共享的全球治理观，倡导国际关系民主化，坚持国家不分大小、强弱、贫富一律平等，支持联合国发挥积极作用，支持扩大发展中国家在国际事务中的代表性和发言权。中国将继续发挥负责任大国作用，积极参与全球治理体系改革和建设，不断贡献中国智慧和中国力量。

坚持合作共赢、追求国际公平正义、追求国际关系民主化、追求持久和平、彻底打破国强必霸的逻辑，这五个方面成为构建人类命运共同体的基本价值追求和精神实质。因此，推动构建人类命运共同体，就是要建设持久和平、普遍安全、共同繁荣、开放包容、清洁美丽的世界。显然，人类命运共同体理念的提出，就是力图从根本上改变现今经济全球化的固有模式，克服经济全球化过程中始终存在的内在矛盾和严重弊端，把人类始终追求的和平、安全、合作、互利、共赢、共享、平等、自由等理念完整地注入世界文明的发展进程中。

我们在行动

理念引领行动。在构建人类命运共同体理念的指引下，近年来中国对外交往实践中展示了一系列更为积极进取的新特点。党的十八大以来，中国以构建人类命运共同体为目标，发挥引领创新作用，在一系列重大问题上频频发声，阐释中国主张，贡献中国智慧。

在政治领域，中国倡导构建"以合作共赢为核心的新型国际关系"，提出构建中美新型大国关系、打造"周边命运共同体""亚洲命运共同体"等一系列主张。

在安全领域，习近平主席在亚洲相互协作与信任措施会议第四次峰会上首倡共同安全、综合安全、合作安全、可持续安全的亚洲安全观；在第四届核安全峰会上，习近平主席提出打造以"公平、合作、共赢"为内涵的核安全命运共同体；在中国乌镇召开的第三届世界互联网大会上，习近平主席针对网络治理与信息安全，发出了"共同构建网络空间命运共同体"的倡议。

在发展领域，由中国提出的"一带一路"倡议已进入实施阶段，并取得一批重要早期收获；在2014年北京召开的APEC领导人非正式会议，推动了亚太自由贸易区路线图的制定；APEC成员提出的超过100项合作倡议中，超过一半由中国提出；在2016年中国举办的G20杭州峰会上，习近平主席提出了共同构建创新型、开放型、联动型和包容型世界经济的主张，进一步明确了G20合作的发展方向、目标和举措，引导峰会就推动世界经济增长达成了共识。

⊕ 第三届世界互联网大会

⊕ 2019年第二届"一带一路"国际合作高峰论坛标志性主题景观 "丝路金桥"

开创合作新模式。近年来，中国在构建人类命运共同体理念引领下，致力于探索、打造互利共赢的国际合作新模式，旨在通过深化沿线各国互联互通，实现优势互补，促进共同发展。

"一带一路"从规划走向实践，从中国的一国倡议变为沿线国家的集体行动，进展和成果超出预期，赢得了国际社会的广泛赞誉与积极响应。

除上述在国际事务中发挥引领作用、开创新合作发展模式以外，近年来中国在国际政治、安全、发展与全球治理等诸多领域，在力所能及的范围内，也开始承担起越来越大的国际责任，发挥着越来越大的作用。

在发展与世界各国关系方面，中国坚持在不结盟原则的前提下广交朋友，在已有基础上，积极发展新的"伙伴关系国"或提升"伙伴关系国"的层级，构建全球伙伴关系网络。

在维护国际公共安全方面，中国积极参与地区热点问题的管控，推动伊朗核问题谈判达成协议，致力于朝鲜半岛无核化与和平稳定，成功主办阿富汗问题伊斯坦布尔进程第四次外长会议，与东盟达成"南海行为准则"框架，积极推动乌克兰问题政治对话进程，深入参与联合国、亚太经

⊕ 中国维和部队参与维和行动（新华社万端武 摄）

合组织、上海合作组织等多边机制框架下的反恐合作，推动在联合国框架下制定"信息安全国际行为准则"。

在发展与全球治理领域，中国为推动相关地区与国家经济持续稳定增长，解决基础设施建设融资难的问题，于2014年出资设立丝路基金，携手金砖国家成立金砖国家开发银行，于2015年发起成立亚洲基础设施投资银行。在应对全球问题挑战方面，中国于2015年向《联合国气候变化框架公约》秘书处提交了《强化应对气候变化行动——中国国家自主贡献》文件，并为同年12月巴黎气候变化大会通过《巴黎气候变化协定》作出了不可替代的贡献。中国本着建设性态度全面深入参与联合国2015年后发展议程政府间谈判，对联合国2030年可持续发展议程文件的通过发挥了重要作用。

事实表明，中国正在以实际行动向世界展示以维护世界和平、促进共同发展为己任的负责任大国形象，显示了中国愿同国际社会一道"共同推进构建人类命运共同体的伟大进程"的真诚愿望与坚定决心。

专　栏
爱我版图

　　国家版图指一个国家行使主权的疆域。提到国家版图，人们常常会联想到地图，因为地图是表达国家版图最主要的形式。本书用到了许多地图，内容涉及中国的疆域范围及其边界、行政区划等。这些地图象征着国家主权和领土完整，体现了国家主权意志和政治外交立场。

　　为帮助读者树立国家版图意识，并学会规范使用地图，编者在丛书的每一册均设置了"爱我版图"专栏，专门介绍某一方面的国家版图知识。本册专栏介绍了中国的神圣领土，解释了领土的概念和组成。维护国家主权和领土完整，既要关注陆地，也要关注海洋。

中国的神圣领土

领土

领土包括国家主权管辖下的一切陆地、水域及其底土和上空,即领土是由领陆、领水和领空三部分组成的。

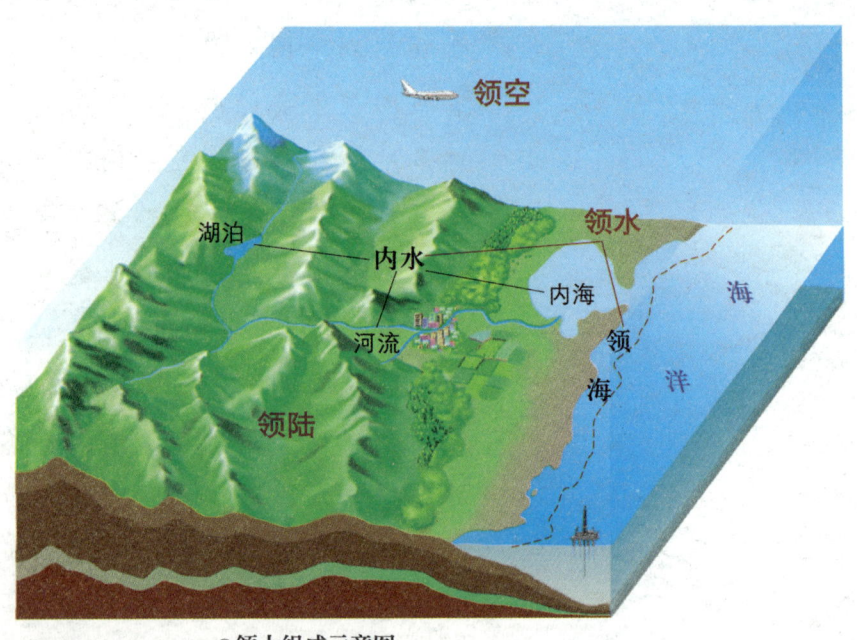

⊕领土组成示意图

领陆指国家主权管辖下的陆地及其底土,包括边界以内的大陆和岛屿,是国家领土的基本组成部分。没有领陆,就不能称为国家。

我国领陆包括中国大陆及其沿海岛屿、台湾岛、海南岛、钓鱼岛及其附属岛屿、东沙群岛、西沙群岛、中沙群岛、南沙群岛等。陆地总面积为

960多万平方千米。

我国大陆地域辽阔，地形复杂多样，既有广阔的平原和低缓的丘陵，也有雄伟的高原和起伏的山地，还有中间低、四周高的盆地。纵横交织的山脉构成我国地形的骨架，山脉和山脉之间镶嵌着我国的四大高原、四大盆地和三大平原。

除大陆外，沿海岛屿也是我国领陆的重要组成部分。我国有大小岛屿数千个，陆域总面积约8万平方千米，占全国陆地面积的0.8%。台湾岛是我国第一大岛，面积超过3.5万平方千米。海南岛是我国第二大岛，面积超过3.3万平方千米。其他岛屿面积较小，大部分岛屿分布在杭州湾以南的大陆沿岸和南海中。南海中的岛屿绝大多数是珊瑚礁。

领水指国家主权管辖下的全部水域及其底土。领水包括内水和领海两部分。内水指国家领陆内的水域和领海基线陆地一侧的水域，包括河流及其河口、湖泊、港口、港湾和内海等。领海是从领海基线量起向海洋方向延伸一定宽度的水域。每个沿海国家有权确定其领海宽度，但不能超过12海里（约22.2千米）。

⊕ 长江三峡

我国邻水包括江、河、湖、海。长江、黄河等河流及青海湖、鄱阳湖等湖泊都属于领水中的内水。我国既有广阔的陆地，又濒临渤海（内海）、黄海、东海、南海及台湾以东的太平洋等辽阔的海域。渤海、黄海、东海、南海连成一片，呈东北—西南向的弧形排列，环绕在我国大陆的东面和东南面。渤海和琼州海峡是我国的内海，也属于内水范畴。

中国河流众多，主要大河有长江、黄河、黑龙江、珠江、辽河、海河、淮河、雅鲁藏布江等。长江全长 6 300 多千米，是我国第一长河，也是世界第三长河。黄河全长 5 400 多千米，是我国第二长河。塔里木河是我国最长的内陆河。雅鲁藏布江是我国海拔最高的河流。

我国湖泊面积共 8 万多平方千米。最大的湖泊是青海湖，面积 4 589 平方千米。主要的淡水湖有鄱阳湖、洞庭湖、太湖、洪泽湖等，主要的咸水湖有青海湖、纳木错等。

⊕ 青海湖

领空指国家领陆和领水上的大气空间。国际法规定各国对其大气空间（即大气层）拥有主权，而宇宙空间对于各国的研究和利用都是开放的。因此，领空的高度应由大气空间和宇宙空间的分界线来决定，但这条分界线实际上却很难用一个准确的数字来界定。

我国领空指我国领陆和领水的上空，是我国领土的组成部分。按照我国的领空管制规定，在中华人民共和国领空的所有飞行必须预先提出申请，经批准后方可实施。

国家管辖海域

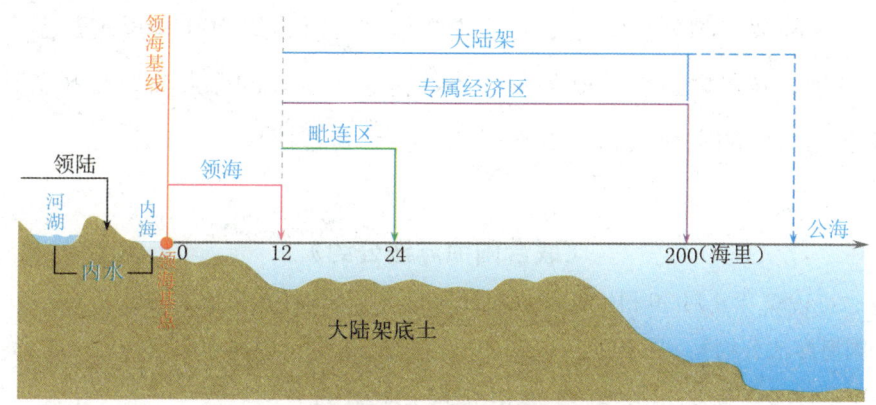

⊕国家管辖海域空间结构示意

根据《联合国海洋法公约》，各沿海国不仅享有领海主权，还享有毗连区内的管制权利，专属经济区、大陆架上的多项主权权利和管辖权。

领海基线是测算沿海国领海和其他管辖海域宽度的起算线，也是沿海国内水与领海的分界线。领海是沿海国领土的一部分，属于沿海国的主权范围。历史上，各国曾主张的领海宽度从3海里到200海里不等。1982年《联合国海洋法公约》规定，每一国家有权确定其领海宽度，从测算领海宽度的基线量起不超过12海里的界限为止。

毗连区是连接领海并在领海之外具有一定宽度的海域。毗连区的外部界限从测算领海宽度的基线量起不超过24海里。在毗连区内，沿海国家为防止或惩处那些违反其安全、海关、财政、卫生或出入境管理等法律、法规的行为，有权行使管制权。

专属经济区是领海以外并邻接领海的一个区域，其宽度从测算领海基线量起不超过 200 海里，自然空间范围包括水体、海床和底土。沿海国在其专属经济区内，享有勘探开发、养护和管理该区域内自然资源（包括生物资源和非生物资源）的主权权利，以及建造和使用人工岛屿、设施和结构，海洋科学研究，海洋环境的保护和安全等专属管辖权，但也要承担一定的义务，例如沿海国需采取适当措施以确保人工岛屿、设施和结构的安全。

大陆架是沿海国陆地领土自然延伸到大陆边外缘的海底区域的海床和底土。大陆架从测算领海宽度的基线量起，可以达到 200 海里宽甚至在某种条件下最宽可以达到 350 海里。沿海国家享有以勘探大陆架和开发其自然资源为目的的主权权利，以及其他一些专属管辖权。

《联合国海洋法公约》

1982 年 4 月 30 日，在牙买加召开的联合国海洋法会议上通过了《联合国海洋法公约》，并于同年 12 月 10 日在第三次联合国海洋法会议上开放签字，1984 年生效。中国作为缔约国加入了该公约。

海洋有丰富的资源，是一个巨大的聚宝盆。为了缓解陆地资源日益减少的困境，许多国家把目光投向了海洋，把注意力转到对海洋资源的控制上，并加强了对岛礁、管辖海域、海洋通道的重视。

我国濒临的海域

渤海是我国最北端的海域，被山东半岛、辽东半岛和华北平原环绕，仅东部以渤海海峡与黄海相通，是我国的内海，它是一个半封闭的大陆架浅海，海水平均深度约 18 米，面积约 7.7 万平方千米。

黄海位于我国大陆与朝鲜半岛之间，北在鸭绿江口，南以长江口以北江苏省启东市的启东角到韩国济州岛的西南角连线与东海分隔，西北以山东半岛北岸的蓬莱角到辽东半岛南端的老铁山角的连线与渤海分隔，为一半封闭的浅海，海水平均深度约 44 米，面积约 38 万平方千米。

东海位于我国大陆与台湾岛以及日本九州岛和琉球群岛之间，北与黄海

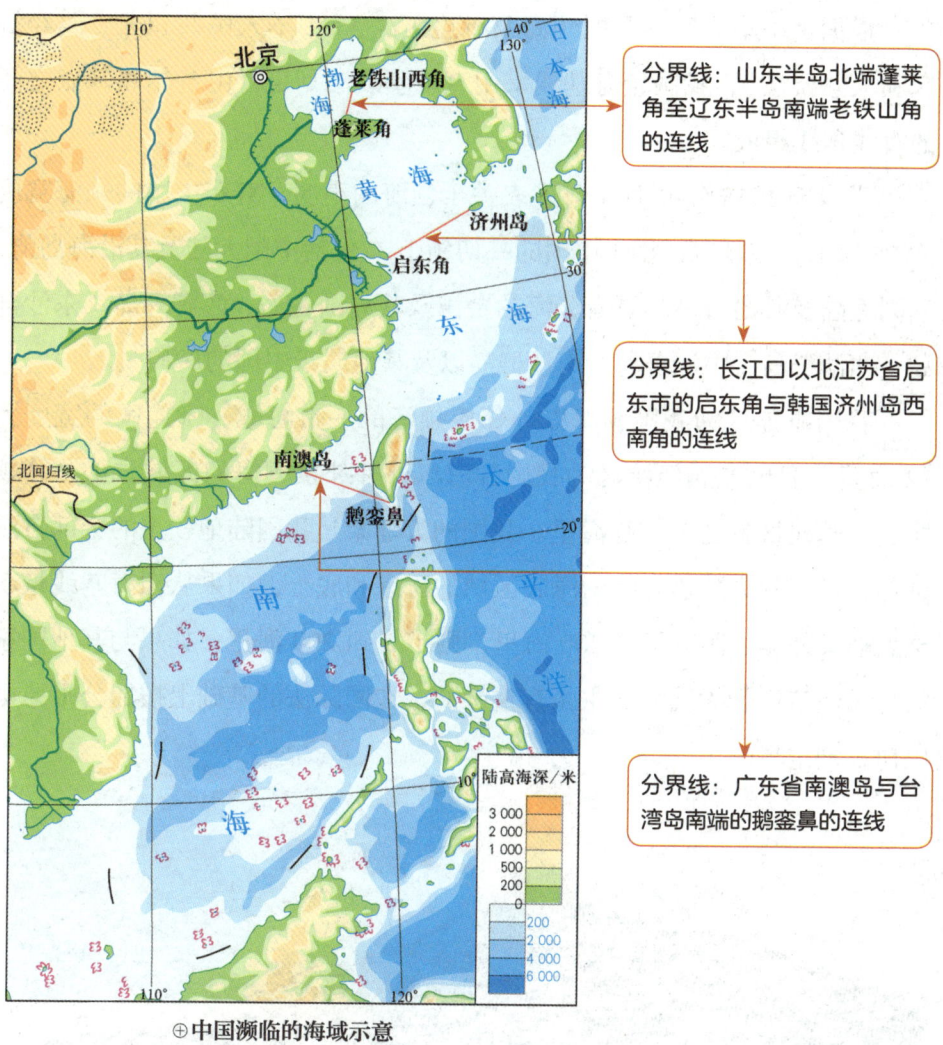

⊕ 中国濒临的海域示意

相连，南以广东省南澳岛到台湾岛南端的鹅銮鼻连线与南海分隔，是一个比较开阔的边缘海，海水平均深度约370米，面积约77万平方千米。

南海位于我国南部，南接大巽他群岛中的加里曼丹岛，东邻菲律宾群岛，西面是中南半岛和马来半岛。南海海域辽阔，海水平均深度约1 212米，最深达到5 559米，面积约350万平方千米。中国在长期历史过程中形成了在南海的领土主权和海洋权益。包括中国对南海诸岛拥有主权，中国基于南海诸岛主权拥有内水、领海、毗连区、专属经济区和大陆架。

根据《中华人民共和国领海及毗连区法》《中华人民共和国专属经济区和大陆架法》，我国领海基线采用直线基线法划定，由各相邻基点之间的直线连线组成。

我国于1958年9月4日发表关于领海的声明，宣布中国的领海宽度为12海里，该规定适用于中国的一切领土，"包括中国大陆及其沿海岛屿，和同大陆及其沿海岛屿隔有公海的台湾及其周围各岛、澎湖列岛、东沙群岛、西沙群岛、中沙群岛、南沙群岛以及其他属于中国的岛屿"。

我国毗连区为我国领海以外邻接领海的一带海域，毗连区的宽度为12海里。我国专属经济区为我国领海以外并邻接领海的区域，从测算领海宽度基线量起延至200海里。我国的大陆架是我国陆地领土的全部自然延伸，扩展到大陆边外缘的海底区域的海床和底土，如果从领海基线量起至大陆架外缘的距离不足200海里，则扩展到200海里。如果与其他国家的专属经济区和大陆架的主张有重叠的，在国际法的基础上按照公平原则以协议划定界限。

⊕ 中国舰船在钓鱼岛附近海域巡航

南海断续线的由来与发展

南海断续线的由来与沿海国海洋权益意识的加强和现代海洋法律制度的发展密不可分。20世纪上半叶,中国"水陆地图审查委员会"详细列出了南海的岛、礁、滩、沙,对中、英文地名进行了审查,并于1935年4月出版了《中国南海各岛屿图》。中国政府采取命名和出版地图等方式,重申了对南海诸岛的主权。

为了使确定的南海领土范围具体化,1947年上半年,由当时的内政部方域司编绘、国防部测量局代印,内部出版了《南海诸岛位置图》(见下页)。图上在南海海域中从北到南标注了东沙群岛、西沙群岛、中沙群岛和南沙群岛4组岛礁,并在四周标绘了11条断续的线。断续线的最南端在北纬4°左右。1948年2月,内政部方域司公开出版发行《中华民国行政区域图》,该图及附图《南海诸岛位置图》在南海海域标绘了上述4组群岛的位置,并在其周围绘有11条断续线。这条线西起北部湾中越边界,在东经108°～109°之间沿越南海岸东南海域斜向,至南海,最南至北纬4°左右,包括曾母暗沙,而后向北,沿巴拉望海槽、吕宋海槽,经巴士海峡,沿台湾以东向北。东沙群岛、西沙群岛、中沙群岛和南沙群岛等南海诸岛均标绘在这11条断续线内。这是中国政府首次由官方公开发行印有南海断续线的地图。1949年中华人民共和国成立以后出版的中国地图基本沿用这样的画法。

在台湾海峡的另一边,台湾当局在其出版的地图上一直沿袭着1948年民国政府公开出版的地图的画法,在南海绘标由11段组成的南海传统断续线。

可以说,海峡两岸一直都在地图上坚持和坚守着南海断续线,也在探索如何适应和运用新的国际海洋法律制度,从而更好地维护中国的海洋权益。

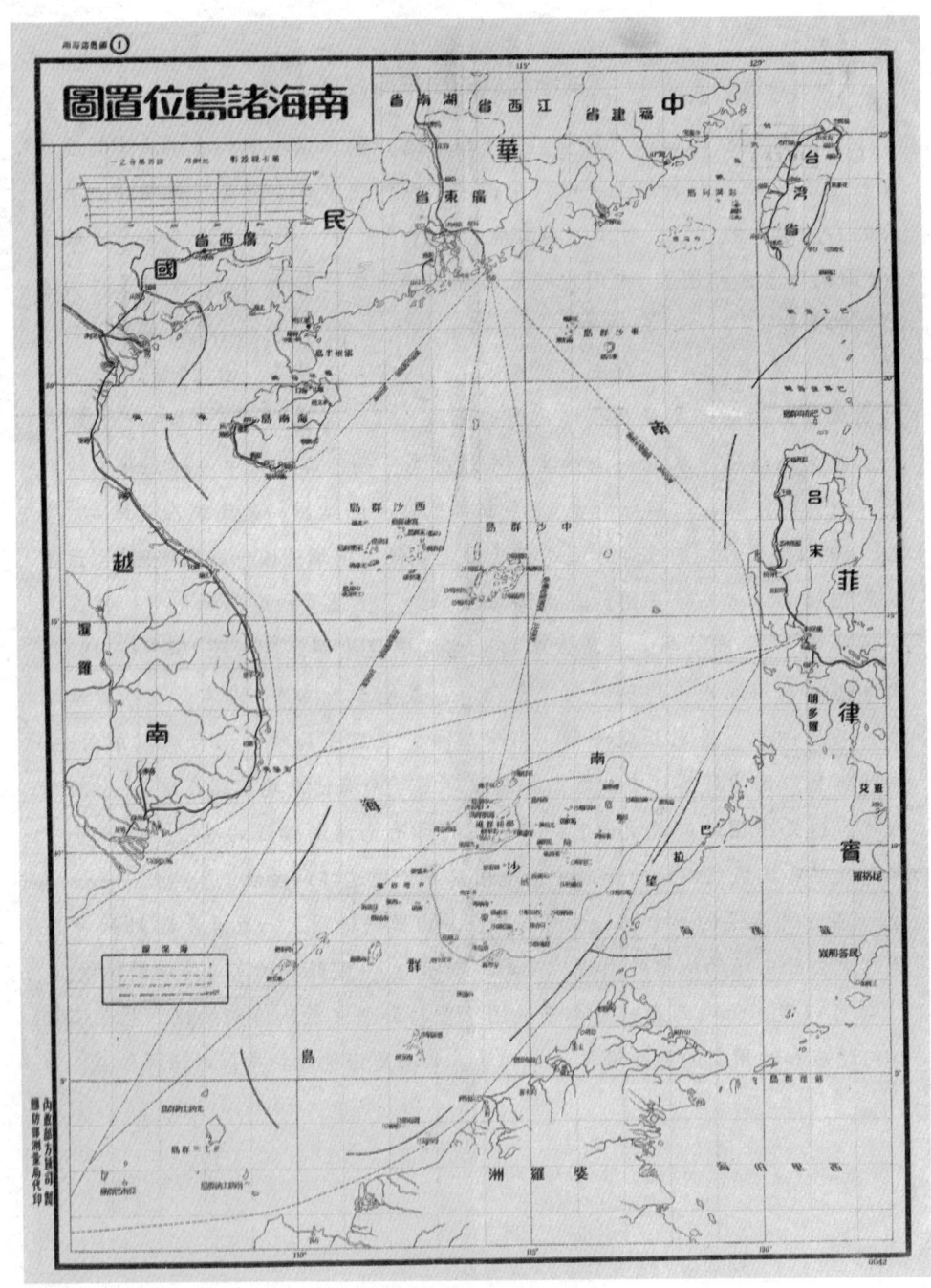

⊕ 1947年绘制的《南海诸岛位置图》影印件